Mensagens
para o ano todo

Mensagens para o ano todo — vol. 1 — Celina H. Weschenfelder (org.)
Mensagens para o ano todo — vol. 2 — Celina H. Weschenfelder (org.)
Mensagens para o ano todo — vol. 3 — Celina H. Weschenfelder (org.)

Celina H. Weschenfelder (org.)

Mensagens
para o ano todo
Vol. 3

Dados Internacionais de Catalogação na Publicação (CIP)
(Câmara Brasileira do Livro, SP, Brasil)

Mensagens para o ano todo, vol. 3 / Celina H. Weschenfelder (org.); [ilustrações Vera Andrade]. — São Paulo : Paulinas, 2009.

Vários autores.
ISBN 978-85-356-2544-8

1. Autoajuda 2. Conduta de vida 3. Máximas 4. Meditações 5. Vida espiritual I. Weschenfelder, Celina H.. II. Andrade, Vera.

09-10680   CDD-248.4

Índice para catálogo sistemático:
1. Mensagens : Vida cristã : Prática religiosa   248.4

Citações bíblicas: *Bíblia Sagrada*. Tradução da CNBB. 7. ed. 2008

Direção-geral:	*Flávia Reginatto*
Editora responsável:	*Luzia M. de Oliveira Sena*
Assistente de edição:	*Andréia Schweitzer*
Copidesque:	*Mônica Elaine G. S. da Costa*
Coordenação de revisão:	*Marina Mendonça*
Revisão:	*Leonilda Menossi*
Direção de arte:	*Irma Cipriani*
Gerente de produção:	*Felício Calegaro Neto*
Projeto gráfico:	*Wilson Teodoro Garcia*
Ilustrações:	*Vera Andrade*

1ª edição – 2009
1ª reimpressão – 2014

Nenhuma parte desta obra pode ser reproduzida ou transmitida por qualquer forma e/ou quaisquer meios (eletrônico ou mecânico, incluindo fotocópia e gravação) ou arquivada em qualquer sistema ou banco de dados sem permissão escrita da Editora. Direitos reservados.

Paulinas
Rua Dona Inácia Uchoa, 62
04110-020 – São Paulo – SP (Brasil)
Tel.: (11) 2125-3500
http://www.paulinas.org.br
editora@paulinas.com.br
Telemarketing e SAC: 0800-7010081

© Pia Sociedade Filhas de São Paulo – São Paulo, 2010

*Ao meu amigo missionário, defensor dos pobres,
Dom Pedro Casaldáliga.*

Com amor às Paulinas, irmãs da minha Congregação.

Aos meus inesquecíveis pais, Mathias e Hilária (in memoriam).

*Com muitas saudades aos irmãos
Aloísio, Irio Antônio, Francisco, Mons. Natalício José
e Lourdinha W. Caramori (in memoriam).*

*Com ternura às minhas irmãs
Cléria, Maria Natália, Terezinha Vilma,
Jacinta, Lúcia, Bernadete, Zirley e Elvira.*

APRESENTAÇÃO

Gosto muito de escrever e, para fazê-lo, não preciso ir a lugar nenhum. Contudo, algumas vezes, inspiro-me na volta para casa, depois do trabalho, conversando com alguma pessoa na condução; outras vezes, quando fico longe da rotina, observando o céu azul, com muitas estrelas. Porém, animo-me de verdade ao contemplar o rosto de uma criancinha, a pureza do seu olhar, o abraço da mãe que a acolhe com ternura;
mas também o seu choro indefinido: será fome, frio, saudade?
Tais imagens me revelam a grandeza do Criador!
Em outras ocasiões, surpreendo-me... e, quando menos espero, onde quer que eu esteja, fico inebriada e começo escrever... meditando... silenciando... contemplando...
Gosto muito de criar mensagens e crônicas, pois, muitas vezes, são as formas de leitura mais acessíveis às pessoas.
Elias José falava com muita sabedoria:
"A vida seria muito melhor se espalhássemos poemas pelo mundo afora".

Celina H. Weschenfelder, fsp

SUMÁRIO

Apresentação 7

AÇÃO DE GRAÇAS
Dia de Ação de Graças – *Celina H. Weschenfelder, fsp* 16
Ação de Graças – *Natividade Pereira, fsp* 17
Como é bom agradecer! – *Celina H. Weschenfelder, fsp* 18
Do nascer ao pôr do sol – *Daniela Lima da Silva* 19

AMIZADE
A amizade é uma festa – *Celina H. Weschenfelder, fsp* 22
A amizade é um ato da criação – *Celina H. Weschenfelder, fsp* 23
Porque és meu amigo – *Celina H. Weschenfelder, fsp* 24
Feliz Dia do Amigo! – *Celina H. Weschenfelder, fsp* 25
Amizade verdadeira – *Celina H. Weschenfelder, fsp* 26
Um amigo entre mil – *Elza Maria Corrarello, fsp* 27

AMOR
Ouvir é amar – *Khalil Gibran* 30
O amor – *Madre Teresa de Calcutá* 31
O amor integra e harmoniza – *Elza Maria Corrarello, fsp* 32
O amor é a verdadeira liberdade – *Khalil Gibran* 33
Amar de verdade – *Celina H. Weschenfelder, fsp* 34

ANIVERSÁRIO
Aniversário feliz! – *Celina H. Weschenfelder, fsp* 36
Parabéns pelos 15 anos! – *Celina H. Weschenfelder, fsp* 37
Parece que foi ontem (Aniversário de 15 anos) – *Maria Nogueira, fsp* 38
Viver é celebrar – *Celina H. Weschenfelder, fsp* 40
Parabéns pela formatura! – *Luizinho Bastos e Celina H. Weschenfelder, fsp* 41

CATEQUISTA
Ser catequista – *Celina H. Weschenfelder, fsp* 44
Catequista – *Nayá Fernandes, fsp* 45
Catequista me tornei – *Edson Adolfo Deretti* 46

COMUNICAÇÃO

Credo da comunicação — *Helena Corazza, fsp* 49
Oração do comunicador — *Bv. Tiago Alberione* 50
Jesus, perfeito comunicador — *Joana T. Puntel, fsp* 51
Oração pelos comunicadores — *Joana T. Puntel, fsp* 52
As novas tecnologias — *Adriana Zuchetto, fsp* 54
A verdadeira comunicação — *Adriana Zuchetto, fsp* 56
Oração do internauta — *Luizinho Bastos* 58
Vida, comunicação! — *Nayá Fernandes, fsp* 59

CRIANÇA

Crianças do mundo todo — *Luizinho Bastos* 62

DIZIMISTA

Oração do dizimista — *Mario Basacchi* 66
Obrigado, Senhor, sou dizimista! — *Mario Basacchi* 67

ECOLOGIA

Ecologia — *Luizinho Bastos* 70
Equilíbrio ecológico planetário — *Luizinho Bastos* 71
Água, fonte de vida — *Celina H. Weschenfelder, fsp* 72
No país das Amazonas — *Walter Ivan de Azevedo* 73
Lição da natureza — *Elza Maria Corrarello, fsp* 74
Vozes da natureza — *Maria Ida Cappellari, fsp* 75
Tributo a Chico Mendes — *Luizinho Bastos* 76
A descoberta do belo — *Maria Ida Cappellari, fsp* 78
Ternura do Criador — *Maria Ida Cappellari, fsp* 79
O direito de sonhar — *Maria Ida Cappellari, fsp* 80
Eu e tu, pinheiro — *Rosa Maria Ayres da Cunha* 81
Árvore amiga, responde! — *Rosa Maria Ayres da Cunha* 82

FAMÍLIA

Prece ao pé da lareira — *Pe. Zezinho, scj* 86
Seu filho diferente — *Pe. Zezinho, scj* 88
Família abençoada — *Luizinho Bastos* 91
A criança que vai nascer — *Luizinho Bastos* 92
Prece de uma criança pela paz — *Luizinho Bastos* 93
Um casal sem filhos — *Pe. Zezinho, scj* 94

JESUS – DEUS

Eras tu, Senhor – *Alfredo J. Gonçalves* 98
Viver tua Palavra, Jesus! – *Celina H. Weschenfelder, fsp* 99
Emaús – *Paulo Airton* 100
Jesus, quem és? – *Tarcila Tommasi, fsp* 102
O colo de Deus – *Antonio de Lisboa Lustosa Lopes* 104

MÃE

Parabéns, mãe! – *Celina H. Weschenfelder, fsp* 108
Saudade de mãe – *Marineuza Pozzo* 109

MISSÕES

A missão e a vida – *Salvador Medina* 112
Discípulos e missionários
(Inspirado na V Conferência de Aparecida) – *Celina H. Weschenfelder, fsp* 114

MULHER

Porque você é mulher – *Celina H. Weschenfelder, fsp* 118
Mulher – Presença – *Alfredo J. Gonçalves* 119
Mulher, o teu dia é hoje! – *Ione Fabiano* 120
Mulher – *Marineuza Pozzo* 122

NATAL

Natal! – *Celina H. Weschenfelder, fsp* 124
Natal é ser presença – *Maria Nogueira, fsp* 125
Natal de paz – *Celina H. Weschenfelder, fsp* 126
Feliz Natal para você! – *Celina H. Weschenfelder, fsp* 127
É Natal para todos os povos! – *Maria Nogueira, fsp* 128
É Natal! – *Alfredo J. Gonçalves* 129
Sonho de Natal – *Luizinho Bastos* 130
A paz do Menino Jesus – *Luizinho Bastos* 131

NOSSA SENHORA

Maria missionária – *Salvador Medina* 134
Santa Maria, Mãe de Deus! – *Bento XVI* 135
Maria – *Daniela Lima da Silva* 136
Protege-me, ó Maria! – *Antônio Sagrado Bogaz e João Henrique Hansen* 137

Mãe divina da gente – *Antônio Sagrado Bogaz e João Henrique Hansen* 138
Crianças em prece (Oração a Nossa Senhora de Fátima)
Antônio Sagrado Bogaz e João Henrique Hansen 139
Vimos a ti, Maria Aparecida
Antônio Sagrado Bogaz e João Henrique Hansen 140
Procissão a Guadalupe – *Antônio Sagrado Bogaz e João Henrique Hansen* 141
Distante de ti, Maria – *Antônio Sagrado Bogaz e João Henrique Hansen* 142
Teu nome, Maria – *Antônio Sagrado Bogaz e João Henrique Hansen* 143
Manjedoura divina – *Antônio Sagrado Bogaz e João Henrique Hansen* 144
Somos teus filhos, Maria – *Antônio Sagrado Bogaz e João Henrique Hansen*...... 145
Bate palmas, Maria – *Antônio Sagrado Bogaz e João Henrique Hansen*.............. 146
D'Achiropita de Carvalho (Homenagem à família Achiropita)
Antônio Sagrado Bogaz e João Henrique Hansen 147
Nossa Senhora do Bom Parto ou do Ó – *Mario Basacchi*.................................... 148
A mãe abençoada – *Mario Basacchi*.. 150
Nossa Senhora dos Remédios – *Celina H. Weschenfelder, fsp*........................... 152

PADRE
Ser padre – *Edson Adolfo Deretti* 154
Sacerdote – *Rosa Maria Ayres da Cunha*... 155
Contemplação (Homenagem aos sacerdotes)
Antônio Sagrado Bogaz e João Henrique Hansen 156

PAI
Nossa história de vida (Homenagem aos pais)
Antônio Sagrado Bogaz e João Henrique Hansen 158
Balada para o meu pai – *Celina H. Weschenfelder, fsp* 159
Pai, é de ti que me lembro – *Rosa Maria Ayres da Cunha*................................... 160
Deus é Pai – *Pe. Fábio de Melo*.. 161
Eu te agradeço, pai! – *Rosa Maria Ayres da Cunha* 162
Eu o admiro muito, meu pai! – *Luizinho Bastos*... 163
Prece de um pai – *Luizinho Bastos* 164

PÁSCOA
O pão da Páscoa – *Salvador Medina*.. 166
É Páscoa! – *Maria Nogueira, fsp*... 167

Feliz Páscoa! Você está vivendo-a! – *Tarcila Tommasi, fsp* 168
Que a Páscoa aconteça – *Tarcila Tommasi, fsp* 170

PAZ
A paz inquieta – *Pedro Casaldáliga* 172
A paz que somos – *Pedro Casaldáliga* 173
O dom da paz – *Celina H. Weschenfelder, fsp* 174
Embaixadores da paz – *Luizinho Bastos* 175
Paz preventiva – *Pedro Casaldáliga* 176

RELIGIOSAS
Buquê da minha vida (Oferenda das vidas consagradas)
Antônio Sagrado Bogaz e João Henrique Hansen 178
Que admirável é esse dom!
(Homenagem a Madre Teresa de Calcutá) – *Rosa Maria Ayres da Cunha* 179

TRABALHO
Se eu pudesse – *Gandhi* 182
O trabalho é amor feito presente – *Khalil Gibran* 183

VOCAÇÃO
Vocação: contínuo chamado ao amor – *Celina H. Weschenfelder, fsp* 186
Vocação: talento de viver – *Antonio de Lisboa Lustosa Lopes* 188
Oração vocacional – *Edson Adolfo Deretti* 190

VOLUNTARIADO
Voluntários do amor – *Celina H. Weschenfelder, fsp* 192
Somos todos voluntários ecologistas – *Luizinho Bastos* 193
Voluntário: ser ou não ser – *Luiz Carlos Pereira Beça* 194

AÇÃO DE GRAÇAS

Quero te dar graças, Senhor, de todo o coração,
proclamar todas as tuas maravilhas.

(Salmo 9A,2)

DIA DE AÇÃO DE GRAÇAS

"Quero te dar graças, Senhor,
de todo o coração,
proclamar todas as tuas maravilhas,
alegrar-me e exultar em ti,
cantar salmos ao teu nome,
ó Altíssimo" (Sl 9A,2-3).

Por todas as maravilhas que fizeste,
por todo o bem da humanidade,
pela doação de tantas generosas mãos,
hoje te bendigo e dou graças!

Senhor! Louvo o teu nome para sempre,
bendigo e glorifico o dom da vida,
da criação do universo: rios, matas,
florestas, e tudo mais. Pelas criaturas,
obras-primas de tuas mãos!

Vamos todos entoar um hino,
alegre, festivo e comprometedor.
Neste dia de Ação de Graças,
de louvor e glória ao teu nome,
bendizemos teu nome, ó Senhor!

Celina H. Weschenfelder, fsp

AÇÃO DE GRAÇAS

Todos os dias temos motivos
para entoar um solene *Te Deum*.
No entanto, é oportuno comemorar,
o grande dia de AÇÃO DE GRAÇAS,
unindo em toda a terra as nossas mãos,
num solene e festivo OBRIGADO.

Agradeçamos ao Criador
pelos bons e saudosos acontecimentos.
Louvemos o sagrado
pela luz que ilumina nosso dia.
Cantemos com todos os sons
a melodia do universo.

Celebremos com festa
o nascimento da vida em cada momento.
Rezemos pelos que nem sempre
são lembrados, porque acreditamos
que a oração nos transmite
uma grande energia que vem de Deus.

Que possamos hoje "desfilar" nossa partilha,
doação e generosidade com os que menos têm,
fazendo um trabalho voluntário,
como forma de agradecer a Deus,
pois nossa maior alegria é poder dizer "obrigado"
para aquele que nos criou e tudo nos deu.

Natividade Pereira, fsp

COMO É BOM AGRADECER!

Com o salmista, rezemos o nosso grande hino de louvor a Deus:
"Exultai, justos, no Senhor,
que merece o louvor dos que são bons.
Louvai o Senhor com a cítara,
com a harpa de dez cordas cantai-lhe"
(Sl 33[32],1-2).

Unam as mãos, povos todos,
para proclamar as grandes maravilhas
que o Senhor Deus realizou,
em favor de todos os que nele confiam.

Que nossa vida seja um imenso céu,
cobrindo de amor toda a face da terra.
"Senhor, esteja sobre nós a tua graça,
do modo como em ti esperamos"
(cf. Sl 33[32],22).

Somos tuas criaturas, e os nossos lábios estão cheio de hinos para dizer-te em todas as ocasiões do nosso existir: obrigado, Senhor, por tantos dons.

Celina H. Weschenfelder, fsp

DO NASCER AO PÔR DO SOL

Despertas com a aurora! O dia, como presente, se oferta!
As surpresas desejadas outrora, e tuas mãos,
a mãe natureza se entrega.

Abres a janela do coração e recebes
o abraço do sol, regente às pressas!
Com muita gratidão, fazes uma oração
e a melodia da vida recomeça.

Essa melodia que entoas jamais se canta só;
é preciso contar com outras pessoas, pois,
na garganta, às vezes se torna nó.
Os pássaros já estão cantando, as árvores
subitamente a bailar; os campos se abrem em flor
e todo o cosmos revela o infinito Amor!

Explode, em coro, um refrão de esperança!
Semeias o amor, mesmo na dor!
Secas as lágrimas e sorris como criança,
fazendo parte desse coro que, com os anjos,
louva a Natureza e o Criador!

O sol cansado sinaliza que a canção se aproxima do fim!
A plateia, em pé, aplaude e grita: "Bravo! Queremos bis!
Trazes a esperança de um novo dia, pleno e feliz".

Daniela Lima da Silva

AMIZADE

Mais do que um pacto com as pessoas,
a amizade é um pacto com a vida.

Celina H. Weschenfelder, fsp

A AMIZADE É UMA FESTA

A amizade é uma festa, onde os amigos
se constroem em cada encontro.
Nesta amizade há espaço
para outros amigos também,
porque se vive uma alegria
impossível de se fechar.
"Felizes os amigos que se amam tanto,
que podem fazer silêncio juntos."

O amigo verdadeiro sente necessidade de dizer:
estou contente porque você existe!
Será que pode haver coisa melhor
do que encontrar um amigo ao qual podemos
dizer livremente tudo, como a nós mesmos?

A amizade é uma festa, onde se ama,
compreende, sofre e compartilha!

Celina H. Weschenfelder, fsp

A AMIZADE É UM ATO DA CRIAÇÃO

A amizade é um ato de amor profundo,
em que se compreende, dialoga, sofre e compartilha...
E mais do que um encontro, é um pacto com a vida.

Nela os amigos se constroem a cada encontro.
Nela há espaço para outros amigos,
porque se vive uma grande alegria
impossível de se enclausurar.

Por isso a amizade é um ato da criação,
chave da verdadeira felicidade,
melodiosa sinfonia e sonho,
nota mais afinada da linda harmonia
de nosso universo interior.

Agradecer a Deus pelo dom do amor e da
amizade nos leva a repetir com o salmista:
"Tua graça vale mais que a vida,
meus lábios proclamarão o teu louvor.
Assim te bendirei enquanto eu for vivo,
no teu nome eu erguerei minhas mãos"
(Sl 63[62],4-5).

Celina H. Weschenfelder, fsp

PORQUE ÉS MEU AMIGO

És meu amigo porque escutas com profunda bondade
cada palavra que minha boca pronuncia.
Partilhas a tua experiência, calma e profundamente,
E esta, aos poucos, me anima e recria.

És meu amigo porque sempre
me escutas com muita atenção
e, quando falo, nunca dizes
que não tens tempo, e me ouves
como se o tempo não existisse.

És meu amigo porque me ofereces
teu coração acolhedor e me aceitas
assim como eu sou.
Não recriminas, não exiges nada
que seja superior às minhas forças.
Sempre me animas a caminhar,
com minhas imperfeições e virtudes.

És meu amigo porque entre nós
não existe limite de espaço e hora.
Não falta tempo para a nossa comunicação
e troca de experiências, pois com elas
nos enriquecemos e damos um salto
de qualidade em nosso crescimento.
Obrigado por seres meu amigo!

Celina H. Weschenfelder, fsp

FELIZ DIA DO AMIGO!

Amigo fiel não tem preço. Palavras agradáveis
aumentam a amizade, porém, as Escrituras
nos advertem para termos somente
um amigo entre os mil que nós conhecemos.

Existem amigos e "amigos",
e o verdadeiro entre todos
é conhecido pela autenticidade
do seu diálogo conosco;
não pela bajulação que nada acrescenta
e não nos faz crescer como gente.

São poucas as palavras que descrevem
o que significa ter um amigo de verdade.
Mesmo distante, ele está sempre ao nosso lado,
sobretudo quando mais sofremos
e nas horas que dele mais precisamos.

Hoje quero cantar ao meu amigo,
pois esta data um dia ganhou.
Celebrar nossa bonita amizade,
um canto à vida, dom incomparável do Senhor!

Celina H. Weschenfelder, fsp

AMIZADE VERDADEIRA

Um amigo especial não encontramos
a qualquer hora nem em qualquer lugar.

Ele nos faz acreditar em coisas boas...
é alguém que nos convence
de que precisamos mudar para melhor;
por isso existe uma porta aberta
só esperando para que você abra
para o amigo poder entrar.

Algumas vezes tudo parece escuro e vazio,
mas seu amigo sempre o anima,
fazendo com que essas horas difíceis
sejam superadas e enfrentadas
para que tudo se torne luz novamente.

Se você se virar e for embora,
ele sempre o seguirá, pois acredita no seu potencial,
na sua coragem e tenacidade,
pérolas preciosas que ninguém pode tirar.

Considero-o um desses amigos!
Um amigo para sempre!
Obrigado por você existir!
Você é muito especial!

Celina H. Weschenfelder, fsp

UM AMIGO ENTRE MIL

Guarde seu coração, pois dele provém a vida.
Escolha-o para ser seu confidente,
entre mil amigos, pois assim fazem os sábios,
que têm cuidados com os seus segredos
para que não estejam em todos os lábios.

Quem ama verdadeiramente,
todos os dias rega a semente
da ternura, do carinho, da compreensão;
nada esconde aos seus amigos,
pois neles confia plenamente.

Sabe escutar sem julgar ou condenar.
Sabe dialogar com profundidade,
pois a amizade é uma grande bênção,
um valor incalculável que ilumina a gente.
É muito bom... não deixá-lo escapar!

Elza Maria Corrarello, fsp

AMOR

Quem ama verdadeiramente,
todos os dias rega esta rica semente!

Elza Maria Corrarello, fsp

OUVIR É AMAR

A verdade do outro
não está no que ele revela,
mas no que ele não sabe revelar.

Por isso,
se quiser compreendê-lo,
não ouça o que diz,
mas o que não diz.

Deixe que seja
a voz oculta em sua voz
a falar ao ouvido de seu ouvido...

O silêncio
é um dos mistérios do amor.

Khalil Gibran

O AMOR

O dia mais belo? Hoje.
A coisa mais fácil? Errar.
O maior obstáculo? O medo.
O maior erro? Abandono.
A raiz de todos os males? O egoísmo.
A distração mais bela? O trabalho.
A pior derrota? O desânimo.
Os melhores professores? As crianças.
A primeira necessidade? Comunicar-se.
A maior felicidade? Ser útil aos demais.
O maior mistério? A morte.
O pior defeito? O mau humor.
A pessoa mais perigosa? A mentirosa.
O pior sentimento? O rancor.
O presente mais belo? O perdão.
O imprescindível? O lar.
A sensação mais agradável? A paz interior.
A proteção efetiva? O sorriso.
O melhor remédio? O otimismo.
A maior satisfação? O dever cumprido.
A força mais potente do mundo? A fé.
As pessoas mais necessitadas? Os pais.
A mais bela de todas as coisas? O amor.

Madre Teresa de Calcutá

O AMOR INTEGRA E HARMONIZA

Um boneco de sal sonhava, sonhava...
queria ver o grande mar, mas como faria?
E para lá chegar um dia?
Procurou, procurou, mas nenhuma ajuda encontrou.
Então começou sozinho a caminhar, caminhar...
Esperando um dia achar o mar.

Andou, andou, até que o encontrou.
Ah! Que feliz surpresa!
Uma maravilha! Que grandeza!
E rápido, depressa, para dentro do mar correu,
mas logo viu que uma de suas pernas derreteu.
Ah! Que feliz experiência! Grande alegria sentiu.
Então, sem pensar, no mar, o boneco todo imergiu.

Sentindo-se quase totalmente desintegrado,
o boneco gritou maravilhado, extasiado:
"Agora, o mar sou eu!".
E nele se integrou, desapareceu!

O amor verdadeiro não aniquila ninguém:
engrandece, integra e harmoniza!

Elza Maria Corrarello, fsp

O AMOR É A VERDADEIRA LIBERDADE

O amor é a única liberdade do mundo,
pois eleva o espírito a tal ponto
que as leis da humanidade
e os fenômenos da natureza
não alteram o seu curso.

Você é livre diante do sol do dia;
é livre diante das estrelas da noite;
e é livre quando não há sol,
nem lua, nem estrelas.

É livre quando fecha os olhos
para tudo.

Mas você não é livre
em relação a quem você ama,
por amar,
e tampouco é livre
em relação a quem ama você,
por ser amado.

Você dá pouco se dá de si mesmo.
Apenas quem tudo deseja,
tudo dá.

Khalil Gibran

AMAR DE VERDADE

Cada instante traz algo novo para a humana existência.
Amar é tornar a vida simples, bela, sincera,
agradável, harmoniosa e feliz, no serviço aos irmãos.

Amar é valorizar o que vale a pena,
não ser causa de sofrimento
para o inocente que não tem
como se defender da mira do agressor.
Mas também tem gente que aguenta tanto,
que dá exemplo, na incompreensão e na dor.

Colhemos o que semeamos
em nosso jardim e em outros mais.
Por isso, sempre vale a pena
escolher o novo e o consolador.
Deixemos que a vida seja preenchida
do mais puro e sincero amor, pois só este nos leva
a um porto seguro e nos ajuda a construir uma sociedade nova,
alicerçada na justiça e, o quanto for possível, na ausência de dor.

Obrigado, Senhor, por todo amor que existe
neste mundo que criaste para nós.
Ajuda-nos a não passar por esta vida sem tê-la
preenchido de novas buscas no compromisso
e na doação aos outros,
pois este é o verdadeiro significado
da pequena e grande palavra: AMOR!

Celina H. Weschenfelder, fsp

ANIVERSÁRIO

Celebrar o aniversário é viver em plenitude,
tocar a nossa estrela, no infinito da vida.

Celina H. Weschenfelder, fsp

ANIVERSÁRIO FELIZ!

Ter um aniversário feliz é poder dizer
com muita gratidão a Deus:
obrigado, Deus, por ter-me dado
o dom de existir, ter uma família que me ama,
amigos e amigas que me respeitam
e são meus companheiros de caminhada!

Ter um aniversário feliz
é compartilhar a vida com os outros,
tanto na dor como no sofrimento,
oferecendo com alegria
as surpresas que Deus nos dá
como meios de crescimento!

Ter um aniversário feliz
é alegrar-se com tudo que Deus nos deu
abrindo o nosso coração à luz,
ao amor, à partilha, à comunicação,
dizendo isso a todos que vieram
nos desejar parabéns e felicidades!
Feliz Aniversário!

Celina H. Weschenfelder, fsp

PARABÉNS PELOS 15 ANOS!

Olho para o seu semblante,
vejo a mais bela expressão de felicidade.
Os seus 15 anos sonhados e esperados,
não só por você, mas por toda a família,
são como uma linda orquestra
de muitos e vibrantes instrumentos.

Agradeça a Deus por tantas alegrias,
felicidades, talentos e graças que lhe deu.
Não esqueça, também, de agradecer
as horas difíceis, que muitas vezes doeram,
pois nelas você cresceu e amadureceu.

Por este dia que é somente seu,
todos em coro lhe dizem com alegria:
parabéns e seja muito feliz!

Celina H. Weschenfelder, fsp

PARECE QUE FOI ONTEM
(Aniversário de 15 anos)

Quando você nasceu, com um toque de ternura e amor,
Deus sorriu e fez uma carícia em você.
Era um dia claro de verão com as cores da primavera.

Você nem se lembra, é claro, e nem pode se lembrar.
Toda a família se uniu para celebrar a sua chegada;
as flores do jardim se abriram para perfumar seu berço.
Pássaros em coro cantaram canções de amor,
com suaves trinados para embalar o seu berço.

Você nasceu, criança frágil, trazendo uma irresistível energia
que iria ultrapassar o tempo, para tornar-se então
a pessoa maravilhosa que é hoje.
Você chorou, anunciando sua presença aqui:
uma lágrima, como gota de orvalho,
rolou no seu rostinho naquela primeira manhã,
fecundando a vida com ternura e calor.

Muito tempo já se passou, mas parece que faz tão
pouco tempo que você veio ao mundo.
Você cresceu, tornando-se uma jovem bela.
Hoje você celebra a esperada festa de 15 anos,
partilhada com sua família, seus amigos(as) e admiradores(as)
que lhe trazem muitos presentes.

Outra vez se repete a alegria de uma festa
que lembra a história dos anos que já se foram.
Agora, porém, a festa tem cores mais vivas
do que a primavera, porque brota de um coração juvenil,
cheio de sonhos e esperanças que fazem vibrar de felicidade
a vida e celebram a beleza do amor e a riqueza do seu existir.

Maria Nogueira, fsp

VIVER É CELEBRAR

Viver é celebrar com a Trindade santa
o grande dom da existência!
Viver é doar-se na gratuidade,
na alegria e no desprendimento!
Viver é estar sempre ao lado dos outros
para socorrê-los em suas necessidades.
Vida é celebração, alegria de viver,
na paz e na concórdia!
Viver é entregar todos os dias a Deus
os nossos limites, como meios de crescimento!
Vida é ser ágape, dom para as pessoas,
na ternura, na misericórdia, sem olhar a quem!
Viver é estar feliz por pertencer à grande família humana,
na qual, unidos, juntamos nossas forças
para salvar o grande planeta Terra!

Celina H. Weschenfelder, fsp

PARABÉNS PELA FORMATURA!

Festeja com alegria esta data,
pois não limitaste tempo
para novos capítulos escrever
desta bela e incansável história,
que só tu sabes o que significou.

Celebra à plenitude as tuas conquistas,
o início e coroamento dos teus sonhos.
Agradece a Deus por mais esta alegria
que é dom e graça sem medida,
pois muitos começam mas não chegam.

Parabéns pela coragem e persistência,
que algumas vezes te causaram até insônia.
Outras vezes exigiram perseverança na luta,
pois tudo que agarramos com firmeza
transforma-se um dia em vitória.

Acolhe este momento de homenagem,
pois a festa hoje e só tua.
Que outros projetos se realizem,
pois na vida nunca temos parada,
quando ensaiamos futuras conquistas.
Parabéns pela tua formatura!

Luizinho Bastos e Celina H. Weschenfelder, fsp

CATEQUISTA

Catequista: és chamado por Deus
para anunciar a Boa-Nova do Evangelho a todos!

Celina H. Weschenfelder, fsp

SER CATEQUISTA

Chamado por Jesus para uma grande missão,
assumes com fé a causa do Evangelho.
Partilhas com alegria a vida e o saber
sobre Jesus e o seu Evangelho.

Orientas, transmites Jesus e não desistes
deste projeto que te foi confiado,
pois a Palavra dele te assiste sempre
e tua missão cresce a cada instante.

Num processo contínuo de transmissão da fé,
dos valores, das esperanças e razões do existir,
vivificas a vida das pessoas,
consciente do apostolado que te foi confiado.

Formas para a vida cristã e humana,
vais além-fronteiras e não medes esforços;
dás o melhor de ti com a palavra e a vida,
dizendo a todos, com alegria,
que vale a pena ser catequista!

Parabéns, catequista, pelo teu dia!
És mensageiro da paz, do amor e da vida!
Assume com fé este belo compromisso
de ser apóstolo do bem todos os dias!

Celina H. Weschenfelder, fsp

CATEQUISTA

Mais que um educador, tu és testemunha de fé
de um Deus feito homem que veio morar entre nós.

Tua missão, tão importante e bela,
comunica Deus de maneira audaciosa,
porque mostra às crianças, aos jovens e adultos
o caminho que leva à vida.

Catequista! Tuas palavras e gestos de amor
conduzem muitas pessoas a seguirem o Mestre Jesus.

Como discípulo dele, escuta sua Palavra e crê
que ela é o motivo do teu viver.
E como missionário do Pai,
deixa-te sempre pelo Espírito conduzir.

E quando sentires fraqueza, desânimo ou temor,
não pares pelo caminho, segue em frente, com coragem e fé,
anunciando o mistério de Cristo, que passou pela cruz
e gerou vida, no mais sublime ato de amor.

Parabéns, catequista!
Hoje é o teu dia e queremos homenagear-te
pela vida, chama acesa, sal que dá sabor,
precioso dom para todos!

Nayá Fernandes, fsp

CATEQUISTA ME TORNEI

Com nove anos, à catequese ingressei,
assustado e perdido, no meio de centenas de crianças
quase chorei, porque não sabia o que ali fazia,
mas, bem mais tarde, catequista me tornei.

Eu não sabia muita coisa, mal fazia o sinal da cruz,
quase nada entendia da Palavra de Deus,
e muito pouco da Igreja.
E sobre Deus? Quase não o conhecia,
mas comecei a sonhar ser catequista um dia!

À catequese ingressei e uma catequista me acolheu;
meu nome perguntou, por mim se interessou.
Ela logo me envolveu e amou; muitas coisas me ensinou.

Aproximei-me do meu Deus, pela Igreja me apaixonei,
na família me encontrei e na vocação acertei.

Ainda me recordo como tudo aconteceu,
como Deus me surpreendeu; e hoje, tanto tempo depois,
muitas coisas estudei, catequista me tornei!

Edson Adolfo Deretti

COMUNICAÇÃO

Senhor! Que o respeito, o diálogo, sejam vias concretas
para construir a comunidade cósmica fraternal

Joana T. Puntel, fsp

CREDO DA COMUNICAÇÃO

Creio em Deus que é Pai, Filho e Espírito Santo,
Trindade que estabelece a comunicação e a comunhão.
Creio em Jesus Cristo comunicador, palavra e imagem do Pai,
que revelou o rosto e os segredos do Reino aos pequenos
e desprezados da sociedade.

Creio em Jesus, que trouxe a Boa-Notícia
e foi, ele mesmo, essa Boa-Notícia comunicada em imagens,
símbolos e histórias do cotidiano no ambiente onde viveu.
Creio em Jesus, que comparou o Reino de Deus
a um pouco de farinha e ao fermento que faz a massa crescer;
ao grão de mostarda, tão pequeno
e tão grande ao mesmo tempo,
comunicando assim que o Reino é dos pequenos.

Creio em Jesus, que viveu as relações humanas,
acolheu discípulos e discípulas, grupos e pessoas, e,
pela sua presença, revelou a bondade e a misericórdia do Pai.
Creio no Espírito Santo, que pousou
sobre Jesus no dia do Batismo
e comunicou-lhe o amor do Pai e sua própria missão.

Creio no Espírito de Deus presente em cada pessoa,
criando e recriando a comunicação interior e profunda,
que refaz a pessoa no seu interior e a lança
para novos caminhos e novas metas,
criadores de vida e comunhão.

Creio em Maria, a mulher comunicadora de Jesus
com a vida, a palavra e, sobretudo, com o gesto
de apresentá-lo ao mundo, desde a visita a Isabel,
quando o menino exultou de alegria em seu ventre.

Creio no apóstolo Paulo, que viveu e comunicou Jesus Cristo
com a vida, as atitudes, a palavra falada e escrita.
Ele mesmo disse de si: "Eu quero dar a vocês não só
o Evangelho de Deus, mas a minha própria vida".

Creio que os instrumentos de Comunicação Social
são meios de evangelização, espaços e lugares
para o anúncio do Evangelho.

Creio na comunicação participativa e libertadora,
em que as pessoas possam sentar-se ao redor da mesma mesa
e oferecer propostas que transformem a realidade.
Creio que há mulheres e homens a caminho,
construindo uma nova comunicação a serviço da vida.

Helena Corazza, fsp

ORAÇÃO DO COMUNICADOR

Ó Deus, que para comunicar vosso amor aos homens
enviastes vosso Filho, Jesus Cristo, e o constituístes Mestre,
Caminho, Verdade e Vida da humanidade.
Concedei-nos a graça de utilizar
os meios de comunicação social
— imprensa, cinema, rádio, audiovisuais... —
para a manifestação de vossa glória
e a promoção das pessoas.

Suscitai vocações para essa multiforme missão.
Inspirai os homens de boa vontade
a colaborarem com a oração,
a ação e o auxílio material,
para que a Igreja anuncie
o Evangelho a todos os homens
através desses instrumentos. Amém!

Bv. Tiago Alberione

JESUS, PERFEITO COMUNICADOR

Jesus Mestre, perfeito comunicador do Pai,
tu és, na verdade, a comunicação verdadeira.
Comunicando o Pai, te tornaste comunicação
no mistério da encarnação.

Vieste a nós para ser um de nós, humanos,
e para restabelecer nossa dignidade de filhos de Deus.
Vieste a nós para dizer-nos que és a VERDADE;
para mostrar-nos que és o CAMINHO.
Vieste a nós para recriar-nos para
a verdadeira VIDA, que és tu mesmo.

Como perfeito comunicador e verdadeira comunicação,
tiveste em conta os elementos essenciais da comunicação:
o diálogo, a linguagem própria da comunicação e o amor.

Enquanto te agradecemos pelos profundos
gestos de comunicação, te pedimos pelo nosso
mundo da comunicação, tão complexo e desafiador.

Que o respeito, o diálogo, a verdade e o amor
sejam vias concretas para construir a comunicação humana,
que forma a comunidade cósmica fraternal.

Joana T. Puntel, fsp

ORAÇÃO PELOS COMUNICADORES

Senhor, sabemos, por natureza,
que todos somos comunicadores.
Mas, hoje, queremos agradecer-te
pelos profissionais da comunicação:
homens e mulheres que trabalham na produção
de toda espécie de conteúdos,
nas mais diferentes formas de linguagem
e nos mais diversos meios de comunicação.
Agradecemos pela inteligência,
tão criativa, a eles concedida.
Agradecemos pelos sentimentos nobres de seus corações,
que se manifestam na beleza e verdade das informações
e dos programas revestidos de arte e beleza.
Agradecemos pela sua capacidade de viver
e manipular o mundo digital,
criando pontes entre homens
e mulheres de todo o planeta,
despertando a solidariedade
que nos faz viver a vocação
de sermos humanos e irmãos.
Que a tua sabedoria, Senhor,
esteja presente em suas inteligências criativas,
em seus corações, para que toda a produção
e apresentação midiática seja impregnada da ética,
da verdade e do amor.

Assim, poderemos unir-nos numa só voz,
a do louvor a ti,
para que nos concedas a oportunidade
de usar nossa inteligência e coração,
a fim de nos irmanarmos em uma só família
— aquela que habita o planeta Terra —
e se une através das redes digitais interativas
para te louvar como nosso único Criador. Amém.

Joana T. Puntel, fsp

AS NOVAS TECNOLOGIAS

Trindade Santa, que ouvimos na Sagrada Escritura,
vimos com os olhos da fé,
contemplamos na turbulência da vida,
descobrimos na evolução do universo,
procuramos saciar a sede
do nosso coração inquieto,
na busca incansável do vosso rosto!

Deus Pai, fonte de toda a comunicação,
que estimulastes a criatividade humana
na descoberta das novas tecnologias,
que nos ajudam a superar os limites
do tempo e do espaço, ampliando ao infinito,
o nosso desejo de comunicar.
Nós vos agradecemos pelos novos meios,
que nos permitem conhecer
e abraçar todos os povos e culturas!

Deus Espírito Santo, fonte de toda inspiração,
despertai o amor verdadeiro,
adormecido no coração humano.
E fazei que a rede de comunicação
que circunda a aldeia global
conecte os seres humanos
na edificação do Reino de Deus.

Jesus Cristo, perfeito comunicador
do insondável mistério da Trindade,
ajudai-nos a construir a civilização do amor,
na solidariedade, no diálogo e na justiça.
Fazei que todas as pessoas
utilizem as novas tecnologias
para anunciar os valores do Evangelho,
até os confins do universo.
E que todos os que navegam no ciberespaço
sintam a felicidade de vos encontrar,
andarilho nas suas autopistas. Amém.

Adriana Zuchetto, fsp

A VERDADEIRA COMUNICAÇÃO

Jesus Mestre,
és o modelo dos comunicadores
e das comunicadoras de todos os tempos.
A tua linguagem encanta a multidão,
que se aglomera à beira da praia,
ao longo dos caminhos, nas planícies e montanhas,
para ouvir *Palavras de quem tem autoridade!*
Jesus Mestre, as pessoas acolhem
o teu ensinamento porque falas, com a vida,
a linguagem do amor, que o povo entende.
A tua conversa é simples, e as tuas palavras
são essenciais e profundas.
Nos teus diálogos revelas respeito
pelos interlocutores,
simpatia pelas suas necessidades,
compaixão pelos seus sofrimentos,
firmeza e determinação na busca da verdade.
Ensinas que a *boca fala da abundância
do coração* e que *prestaremos contas
até mesmo das palavras inúteis
que tivermos pronunciado.*
Jesus Mestre Verdade, ilumina a nossa mente
com a luz profunda do teu olhar e afasta de nós
a falsidade, a maledicência e a mentira.
Jesus Mestre, ajuda-nos a profetizar sem descanso,

anunciando com firmeza a tua Palavra!
Envia-nos pelos caminhos da vida,
como sentinelas do amor,
que se antecipam à aurora do novo dia,
para cantar a tua infinita bondade,
bendizer a vida com palavras e ações,
e cobrir de bênçãos
todas as pessoas que encontrarmos
em nosso caminho cotidiano. Amém!

Adriana Zuchetto, fsp

ORAÇÃO DO INTERNAUTA

Deus eterno, onipresente e todo-poderoso,
criador do universo, fonte de inspiração de todas as obras
que beneficiam a evolução da humanidade,
ilumina-me durante minhas tarefas, pesquisas
e relações pela internet.

Orienta minha mente, dirige meu olhar, guia minhas mãos
para acessar o que é bom, agradável e construtivo.
Abençoa todos os internautas para que façam
o bom uso da internet, visando a uma integração solidária
e sem fronteiras, respeitando a privacidade,
a cultura, a ideologia, a religião e os direitos
de todos os irmãos e irmãs do planeta.

Com a intercessão do padroeiro Santo Isidoro,
livra-nos de todos os males que contaminam
e difamam o espaço cibernético.
Que a internet seja uma ponte que una as diferenças,
um caminho para trilharmos com sabedoria,
um espaço abençoado para práticas éticas e causas nobres.
Louvado sejas tu, Mestre e Senhor,
Por sermos beneficiados pela comunicação globalizada,
maximizando focos e horizontes de um mundo novo.

Luizinho Bastos

VIDA, COMUNICAÇÃO!

A comunicação, quando profunda, gera vida.
Fecunda o amor das pessoas,
enxerta valores, os faz crescer.
Das páginas do livro, vem o amadurecer.
Das ondas do rádio, a escuta de si.
E da tela da tevê, o sentido do ser.
Os desejos mais íntimos
expressos numa canção.
E a mão que toca o mouse,
abre a janela da emoção.

É Deus, sempre presente, no satélite,
no coração, nas redes midiáticas, no falar,
no olhar, na expressão. O Criador de tudo
dá ao ser humano a inspiração
para criar, se renovar, sorrir e ser mais irmão.

Ele nos quer ver felizes, sempre a comunicar
que seu amor é mais que o tempo,
mais que as formas e o lugar.

É luz que gera luz, é sal que dá sabor,
é partilha e comunhão, vida e comunicação.

Nayá Fernandes, fsp

CRIANÇA

Crianças do mundo todo,
construindo um sonho de paz,
serão futuros cidadãos
celebrando a fraternidade.

Luizinho Bastos

CRIANÇAS DO MUNDO TODO

Daisuke é japonês, Bakang é africana,
Paul é inglês, Jéssica é australiana,
Sérgio é brasileiro... Crianças do mundo todo,
crianças do planeta inteiro.

Infância de alma inocente,
primeiros passos de cidadania;
sonhos no coração adolescente,
jovens precursores da utopia.

Culturas, raças, civilizações,
costumes, contratos, tradições;
crianças com direitos e ideais
conectados numa ciranda de paz.

O sorriso é o símbolo da bandeira universal:
pura criatividade, singela imaginação.
Cores, gestos, brincadeiras, canções,
numa diversidade cultural.

Línguas, crenças, etnias,
num intercâmbio global,
planetário de confraternização.

Raízes, folhas, frutos,
jardim infantil de esperanças:
o presente e o futuro do planeta
nas mãos de nossas crianças.

Crianças.
Milhões de crianças do mundo todo,
construindo um sonho de paz,
serão futuros cidadãos
celebrando a paz no mundo inteiro.

Luizinho Bastos

DIZIMISTA

Senhor, dai-me a graça de ser, cada dia mais,
um dizimista segundo o vosso coração.

Mario Basacchi

ORAÇÃO DO DIZIMISTA

Obrigado, Senhor, meu Deus e Pai,
por eu ser um dizimista consciente,
responsável e feliz.

Abri o meu coração à vossa Palavra,
para que não me deixe levar pelo egoísmo,
pela autossuficiência, e caminhe sempre
na direção dos mais pobres
e esquecidos pela sociedade.

Dai-me a graça de ser um cristão convicto,
um discípulo e missionário,
corresponsável pela missão
de anunciar e tornar visível o vosso Reino.

Que a luz da fé e a chama da caridade
brilhem sempre com mais vigor,
para que todos possam vos conhecer,
estando cada dia mais
a serviço dos irmãos e da comunidade.

Obrigado, Senhor, mais uma vez, por eu ser dizimista.
Peço-vos a graça de ser cada dia mais
um dizimista segundo o vosso coração. Amém!

Mario Basacchi

OBRIGADO, SENHOR, SOU DIZIMISTA!

Eu me aproximo de vosso altar, Senhor,
devolvendo um pouco do que recebi,
e vou fazê-lo com toda liberdade e todo amor.
Obrigado pela vida e pelo pão,
que desejo em abundância para todos.

Graças a essa partilha,
o milagre da graça acontece:
o Evangelho é anunciado
e o irmão, amparado.

Em cada chão e continente
há um missionário presente,
para tornar o mundo melhor.

Deus não é um pedinte,
não precisa de esmola nem de sobras.
Dízimo é comunhão de bens e partilha do amor.
Ele ama e abençoa quem dá com alegria.

Mario Basacchi

ECOLOGIA

Singela harmonia contemplamos na natureza,
tudo é belo, simples, sagrado, inigualável!

Luizinho Bastos

ECOLOGIA

A *terra* treme,
geme para não morrer de fome.
A *água* chora,
implora para não morrer de sede.
O *ar* inflama,
clama para não morrer poluído.
O *fogo* arrefece,
reza para não se apagado.

Ouvem-se ecos...
sons de ondas furiosas,
ruídos de ventos incontroláveis,
brados de montanhas revoltadas.

A natureza se vinga, explode, reage,
responde aos absurdos causados
pelo ser humano insensível.

Meu Deus!
O que estão fazendo
com sua obra mais preciosa?
Como será o futuro
das próximas gerações?
Como será o planeta Terra
nos próximos anos?

Luizinho Bastos

EQUILÍBRIO ECOLÓGICO PLANETÁRIO

Singela harmonia contemplamos na natureza,
tudo é belo... sagrado... inigualável...
Árvores férteis, frutos saborosos,
estrelas brilhantes e longínquas,
o ciclo natural das quatro estações.
Criaturas exercem suas funções vitais.

Esplêndida sintonia percebemos na natureza,
tudo é leve... suave... emocionante...
Pássaros ensaiam sinfonias,
fases lunares se revezam no espaço,
a voz dos ventos sopra poesias ao entardecer.
Espécies desenvolvem dons naturais.
Perfeita sincronia admiramos na natureza.
Tudo é magnífico... lindo... infinito...
A rotação do girassol, o tímido e imprevisível arco-íris.

Seres vivos, obras de Deus,
harmoniosos, sintonizados, sincronizados,
formando esse cenário espetacular
ao qual nós, seres humanos, pertencemos,
sob o equilíbrio ecológico planetário
que deve ser preservado, hoje, amanhã, sempre...
Para o bem da humanidade.

Luizinho Bastos

ÁGUA, FONTE DE VIDA

Água que regenera e sacia a sede!
Água das fontes, riachos,
cascatas, rios e mares!
Água viva, fonte de vida.
Água que sacia a sede.

Planeta água,
símbolo vivo, purificação, magia!
Água descrita nas Escrituras:
"Pois o Senhor teu Deus
vai introduzir-te numa terra boa,
terra com águas correntes, fontes
e lençóis de água subterrâneos,
que brotam nos vales e nos montes"
(Dt 8,7).

Celina H. Weschenfelder, fsp

NO PAÍS DAS AMAZONAS

No país das Amazonas,
tudo é jovem, tudo é novo:
a terra, o rio e o povo.

O verde da terra brota
numa pujança sem par
e em pouco tempo a esgota.

O rio parece hesitar,
ora largo, ora estreito,
ainda busca o seu leito
encaracoladamente.

O povo sofrido e pobre,
de aparência indolente,
tem, porém, coração nobre,
hospitaleiro e leal.

Enfrenta essa natureza
com coragem, com fereza.
Nunca vi um outro igual!

Minha Amazônia querida,
dia a dia eu me renovo
em contato com tua vida,
em comunhão com teu povo!

Walter Ivan de Azevedo

LIÇÃO DA NATUREZA

O tempo passa depressa, levando tudo de roldão,
como vento de outono, carregado de folhas mortas,
atapetando o chão.

Como rápidas chuvas de verão, tragadas pela terra ardente,
como árvore coberta de flores, que gera a fruta, vira semente.

Como águas ribeirinhas que passam sob a ponte,
renovam-se a cada instante e não voltam nunca mais,
assim são os momentos vividos, jamais nos serão devolvidos.

Como a ave peregrina a cortar o ar,
a estrela cadente fugitiva
a singrar os espaços siderais,
a brisa suave a ondular dourados trigais,
as ondas bravias no vaivém do mar,
assim passa o tempo, sem parar.

Como as flores multicores, efêmeras e lindas,
a vida está aí para ser vivida,
momento por momento,
não é bom que seja perdida.
Cada instante escreve a nossa história,
porque uma vida bem vivida
jamais será esquecida!

Elza Maria Corrarello, fsp

VOZES DA NATUREZA

Hoje dediquei um tempo para escutar.
Escutar os alegres cantos da vida
que ecoam em tudo o que existe.
Ouço o canto do sabiá, do canário,
do bem-te-vi, do pardal.
O vento suave. O murmúrio do riacho
que passa mansamente.
As vozes das crianças correndo felizes.
Tudo fala de harmonia, de paz.
Tudo me deixa uma mensagem.

Estou feliz.
Estou feliz porque percebo esta harmonia.
Se eu a percebo é porque existe harmonia dentro de mim.
Esta harmonia, esta paz, vem daquele que me criou,
me amou e me ama.
E agora, agradeço porque tenho tempo
para escutar a voz do Deus
que me faz perceber tudo isso,
ao meu redor e dentro do meu coração.

Maria Ida Cappellari, fsp

TRIBUTO A CHICO MENDES

A Floresta Amazônica lamenta sua morte.
Entre a fauna e a flora ficou
uma profunda solidão.
O Brasil glorifica seu martírio.
O mundo exalta sua grande missão.

Você, Chico Mendes,
brincava com os animais selvagens,
contava segredos aos passarinhos,
navegava de canoa nos rios,
curava as feridas das árvores,
velava enquanto os índios dormiam.

Você, Chico Mendes,
banhava-se na queda d'água entre as rochas,
defendia, lutava, caminhava e se dedicava,
com amor e coragem, pela preservação
desse patrimônio e beleza,
terra, verde, água, natureza:
paraíso viril, pulmão do Brasil.

Você, patriota das matas,
missionário das tribos,
semeador de ervas que curavam males.
O que fizeram contigo,
ó seringueiro, pai de família,
ecologista, brasileiro,
cidadão e grande companheiro?

Sua imagem e seus gestos
refletirão em cada semente jogada ao chão,
em cada espécie defendida e curada,
em cada folha preservada.
Nenhuma arma te calou.
Qual o poder que te venceu?
Sua utopia não morreu.
Sua bandeira continuará
sendo a nossa bandeira.
Continuaremos unidos,
defendendo nossas raízes e direitos,
lutando por justiça contra a violência
que se alastra neste solo brasileiro,
infelizmente manipulado
e corrompido pelo dinheiro.

Chico Mendes — Mártir da ecologia!
Sua face sempre veremos.
Sua voz sempre ouviremos.
Seus caminhos, seguiremos.
Estarás sempre presente
no coração da gente.
A AMAZÔNIA o exalta com esperança
e se une para clamar que a luta pela natureza
vai continuar COM CERTEZA!

Luizinho Bastos

A DESCOBERTA DO BELO

O bem e o belo estão dentro de mim,
e é por isso que todo o bem e toda a beleza me atraem.
Vivo buscando-os por toda parte.
A descoberta da beleza, assim como a própria arte,
nasce das profundezas do meu ser.
E é no meu íntimo que brota a contemplação
da própria essência da vida.

Encanto-me diante da beleza de um pôr de sol
que segue seu caminho, sorrindo, como se rendesse
homenagem à eterna fonte de energia, ao princípio criador,
luminoso e ativo. Fico extasiada ao admirar a perfeição
de um minúsculo inseto: é a delicadeza do Criador.

Então, a magia da natureza me envolve,
eleva-me, faz-me vibrar, torna-me melhor.
A contemplação do belo desperta em mim o entusiasmo,
e um festival de energia que é a própria vida explode em mim.
E eu canto!

Canto porque a beleza existe em toda parte;
porque ouço a harmonia dos sons;
porque vejo a beleza nas flores;
porque tudo isso vive em mim.
Eu canto, porque o belo está em tudo.
Está, sobretudo, no coração das pessoas,
pois é ali que se encontra de uma maneira especial
a beleza infinita que é o Criador do universo.

Maria Ida Cappellari, fsp

TERNURA DO CRIADOR

A cada momento descubro novos motivos
para me extasiar diante do que vejo.
Em cada flor, em cada fonte, em cada pássaro
vejo a mão do Criador. A beleza do universo é um convite
para descobrir o mistério e a profundidade da vida,
dos acontecimentos e das situações pessoais.

No meu dia a dia encontro pessoas sorrindo,
alegres, felizes. Encontro outras, preocupadas,
cabisbaixas, agressivas, precisando de alguém.
Fico pensando: apesar dos sofrimentos inerentes
à condição humana, persiste em mim o desejo
de uma harmonia interior com o cosmos e com as pessoas.
Em meu coração há um grande desejo de fazer o bem.

E persiste a capacidade de acolher a natureza,
a vida, os acontecimentos,
e acolher o outro dentro de mim.
De fato, acolhendo as pessoas pelas quais eu passo,
algo de bom nasce dentro de mim.
É a ternura do Criador que se manifesta através do meu ser
e chega às pessoas que tanto precisam
sentir a ternura do bom Deus.

Maria Ida Cappellari, fsp

O DIREITO DE SONHAR

Eu sonho!
Sonho com fontes jorrando.
Sonho com rios de águas cristalinas.
Sonho com praias de areia limpa.
Sonho com vertentes de água nas regiões semiáridas.
Sonho com garoa lavando as flores dos jardins.
Sonho com chuva brincando nas plantações.

Sonho com pessoas sorrindo e ajudando a sorrir.
Sonho com pessoas espalhando otimismo pelo mundo.
Sonho com pessoas promovendo a paz.
Sonho porque sinto vida dentro de mim.
E é a vida que me leva a sonhar.
Sonho porque espero que o meu sonho se torne realidade.

Maria Ida Cappellari, fsp

EU E TU, PINHEIRO

Estou unida a ti, pinheiro,
às tuas folhas,
ao oxigênio
e ao gás carbônico
que exalas,
ao teu fruto, às tuas raízes,
à tua sombra, ao teu tronco,
à tua beleza altaneira.

Estás unido a mim, pinheiro,
ao meu zelo por ti,
ao meu senso de te preservar,
ao meu respeito
por tudo o que ofereces,
ao meu cuidado pela tua vida.

Estamos unidos, sim,
eu e tu, tu e eu.
Sou responsável por ti,
e tu o és por mim,
para que ambos — eu e tu —
continuemos a existir
e a produzir
os nossos frutos.

Rosa Maria Ayres da Cunha

ÁRVORE AMIGA, RESPONDE!

Quem te decepou, árvore amiga?
Quem te derrubou
e para terras longínquas
teu tronco carregou,
deixando sem abrigo
os bem-te-vis, os pintassilgos,
os sabiás e a tristonha
fogo-pagou?

Quem, falto de respeito à tua vida,
derramou a tua seiva
pelo chão da mata,
sem pensar nas borboletas,
que agora choram
a ausência das tuas flores?

Quem teve a ousadia
de privar das tuas frutas
as arapongas e as araras,
os tico-ticos e os pardais,
os colibris e os curiós
que cantavam
em teus ramos, em madrigais?

Quem teve a insensatez
de interromper
o teu ciclo natural
e, sem piedade,

destruiu os ninhos
que protegias
contra a chuva e o vendaval?

Quem te despojou
das tuas folhas,
e, assim,
sem se importar com a poluição
que castiga o planeta,
demonstrou não saber amar,
ao tolher tua contribuição
para purificar o ar?

Quem, por cobiça,
vendeu teu lenho
para lucrar com a trapaça
e, às escondidas,
contou o dinheiro
ganho com a tua desgraça?

Ah! Tu não respondes,
pois desejas
que cada ser humano
tome consciência da tua falta
e lamente a ausência
da tua sombra benfazeja
em cada lugar
em que cada pedaço teu esteja!

Rosa Maria Ayres da Cunha

FAMÍLIA

Nossa família é imperfeita, temos muito que aprender, mas de amor ela foi feita, no amor queremos crescer.

Pe. Zezinho, scj

PRECE AO PÉ DA LAREIRA

Deus Pai e nosso Senhor, que de tudo és criador,
que criaste o universo e também cada pessoa,
que criaste pais e filhos e os criaste para o amor.
Deus Pai e nosso Senhor, que criaste a mente humana
e puseste sentimentos no homem e na mulher,
e que a todos iluminas, com a tua imensa luz,
escuta esta nossa prece, feita em nome de Jesus.

Eis aqui nossa família, orando e pedindo luz,
orando e pedindo bênçãos, em nome do teu Jesus,
para as horas de sucesso e para as horas de cruz.
Porque às vezes pecamos, viemos pedir perdão.
Pelo muito que ganhamos, tens a nossa gratidão.
Por que és maravilhoso, viemos te enaltecer,
e pelo irmão que precisa, viemos interceder.

Nossa família é imperfeita, temos muito que aprender,
mas de amor ela foi feita, no amor queremos crescer.
Por isso, Pai de bondade, cada dia mais e mais,
aumenta o amor nos filhos e aumenta o amor nos pais.

Que sejamos um para o outro certeza de mais ternura,
que a fonte da nossa casa seja cada vez mais pura.
Que saibamos viver juntos, respeitosos e amorosos,
pais e filhos educados, serenos e esperançosos.
Escuta esta nossa prece, Pai do Universo e da Luz,
Pai de todas as pessoas e Pai do Senhor Jesus.
Por ele é que nós ousamos fazer esta oração.

Ele é teu Filho querido e o nosso melhor irmão;
pedimos, em nome dele, tua graça e teu perdão.
Porque nos amas e chamas e conosco inda te importas,
a família reunida te abre todas as portas. Amém!

Pe. Zezinho, scj

SEU FILHO DIFERENTE

Foi bonito concebê-lo.
Vocês dois o queriam, mais do que qualquer riqueza.
E foi um mar de felicidade a notícia da gravidez,
até aquele dia da outra notícia.
Santo Deus, como doeu lá dentro!
Sim, seriam pais, mas pais de uma criança diferente.
Síndrome de Down.
Não fosse a paz do médico, da enfermeira, dos pais,
palavra serena do padre e dos amigos,
daquele casal que também passou por isso,
não fosse o pai e a mãe que vocês já eram,
tudo seria dor e tragédia. Não foi...

Ele nasceu. E aquele rostinho diferente,
aqueles olhinhos diferentes, aquele serzinho
humano e feliz iluminou vocês a cada gesto que fazia.
Ensinou-lhes o sentido da esperança
e a definição mais clara de pessoa.

Às vezes, ainda doem algumas perguntas estranhas
ou gestos imaturos; aquele casal insensível
que olha e fala bobagem, aquela criança
ou aquela mocinha que não sabe como acolher o mistério.

Mas vocês sabem que seu filho é diferente, apenas diferente.
Anormal, nunca! Não mesmo! Ele chora, responde, ri,
abraça e beija, e ama e ri, chora e reage.
E compreende e apreende.

Se é mais devagar que os outros, que importância tem?
O que conta ele tem: uma carga de amor enorme.

Afinal, o que é ser um ser humano?
Seja qual for a definição, ele preenche todos os requisitos.
E pelo que vocês já viram, em certos aspectos,
vai além do normal. É capaz de muito mais amor
do que muita gente de físico e cérebro perfeitos.

Aqueles olhos amendoados e aquele rosto redondo,
aquele jeito de andar não mudam o fato
de que seu filho é pessoa inteira.
Inteira e linda! Sem exagero nem favor algum.
É feliz e os faz felizes. Depois dele, todos,
todos os familiares, sem exceção,
ficaram mais humanos e mais meigos.
Ele fez isso! Por isso, vocês hoje assumem
qualquer cansaço: por ele, tudo vale a pena.
Seu filho é um ser iluminado. Vocês, que vivem com ele,
sabem muito mais a respeito de luz.
Doeu e ainda dói, mas louvado seja Deus!
Afinal, diante do seu infinito mistério,
somos todos portadores da mesma síndrome.
Somos todos diferentes... com a diferença de que,
às vezes, amamos infinitamente menos
do que esses olhos amendoados e profundos.
Se faz sentido? Eles acham que faz.
Nunca vi um deles que fosse infeliz!
E os seus pais costumam ser lindos,
pacientes e sábios. Vocês, por exemplo!

Agora, só lhes falta uma coisa: abrir a boca e falar!
O mundo precisa ouvir vocês sobre o que é humanidade.
Disso, vocês entendem. Aqueles olhos são seus diplomas!

Pe. Zezinho, scj

FAMÍLIA ABENÇOADA

Em qualquer lugar do planeta,
nos lares, apartamentos, cortiços,
num barraco à beira da estrada,
existe uma família que celebra a vida.

Nas vielas da periferia da cidade,
na selva, nos confins do sertão,
numa esquina ou debaixo de um viaduto,
há uma família que partilha o pão.

Pescadores celebram a pesca,
boias-frias, migrantes e operários,
brancos, negros, índios, estrangeiros...
todos regressam ao lar, porque têm família.

O engraxate realiza sua lida diária,
o trabalhador enfrenta uma árdua jornada.
A mulher regressa do estudo ou trabalho,
para um esperado e saudoso encontro.

Família é aliança de amor, partilha de sonhos,
convivência no diálogo e no respeito,
compreensão na firmeza e ternura,
tendo Deus como centro da família.

Luizinho Bastos

A CRIANÇA QUE VAI NASCER

Mulher,
já vive bem no teu íntimo
a semente vital, fruto do amor
que em breve vai mamar em teu peito
e pedirá teu carinho na hora da dor.

Já se mexe no teu âmago materno,
chutando teu ventre com energia,
uma nova vida, um ser que te conhece
e assim que nascer, trará alegria.

Já ouve, sente, espera teu colo
uma criança gerada em tuas raízes
que ouvirá tuas canções de ninar,
sua maior esperança de dias felizes.

Já está chegando quem tanto desejas
para ser embalada em teu amor maternal.
Brinca, pula, corre, grita...
quem faz de teu ventre um quintal.

Prepara-te, mulher, para o momento sublime!
A criança que vai nascer sorrirá para ti
e logo te chamará carinhosamente de mamãe!

Luizinho Bastos

PRECE DE UMA CRIANÇA PELA PAZ

Senhor! Obrigado por tudo de belo
que você criou em nosso planeta.
Em minha prece, também quero fazer
um pedido muito especial: a paz!

Fico triste quando vejo guerras, destruição
e tanta gente inocente morrendo.
Por que tanta violência e falta de amor?
Por que crianças iguais a mim sofrem, passam fome,
não podem ir à escola nem brincar livremente?

Meu sonho é ver o mundo em paz.
Por isso, ilumine a mente dos governantes
e o coração de todas as pessoas do mundo.
Para mim, paz é justiça, amor, respeito, igualdade,
é ter alegria, esperança, serenidade.

Eu te ofereço os sonhos de hoje, e que amanhã
seja um dia cheio de paz no mundo todo.
Amém.

Luizinho Bastos

UM CASAL SEM FILHOS

Não deu certo aquele sonho. Isto é: deu certo pela metade.
No seu coração resignado há uma dor
que só vocês sabem como dói.

Vocês dois se amam tanto, mas o sonhado filho não veio.
Já viram todos os médicos, tentaram todos os recursos,
já pediram o milagre, há centenas de pessoas
que oram com vocês,
mas o sonhado filho não vem.

Estará lá guardado na mente de Deus
para, quem sabe, um dia, se isso ainda for possível?
Se não for para ser, vocês aceitarão,
como estão aceitando.
Mas que não é a mesma coisa, não é.

Vocês casaram porque se amavam muito
e queriam viver, chorar e sorrir juntos.
No "juntos" estavam as brincadeiras
com um menino ou uma menina,
que vocês até já imaginavam como seria.

Mas eles não vieram. Nem ele nem ela!
E aí estão vocês. Tantos anos de casados e nada!
Outros casais na mesma situação adotaram e deu certo.

Vocês não quiseram se arriscar por razões suas.

Posso dizer uma coisa? Na fazenda de um amigo
havia uma mangueira que não dava mangas,
mas ainda era mangueira, protegia a casa do calor,
exalava perfume de mangueira,
dava flores que não viravam frutos,
mas muitos amores começaram debaixo de suas proteção.

Quem disse que ela não deu frutos?
Quem disse que vocês não deram frutos?

Pe. Zezinho, scj

JESUS — DEUS

Eras tu, Senhor, e meus braços se cruzaram diante de tuas mãos estendidas em súplica.

Alfredo J. Gonçalves

ERAS TU, SENHOR

Eras tu, Senhor, e meus olhos permaneceram cegos
à nudez de tua fome e de tua miséria.
Eras tu, Senhor, e meus ouvidos se fizeram surdos
a teu clamor por trabalho e justiça.
Eras tu, Senhor, e minha boca se manteve cerrada
quando mendigavas o calor de uma palavra.
Eras tu, Senhor, e meus braços se cruzaram
diante de tuas mãos estendidas em súplica.
Eras tu, Senhor, e meus pés se recusaram
a dar um passo quando tuas pernas
fraquejaram ao peso do sofrimento.
Eras tu, Senhor, e meu rosto se converteu em pedra
quando, tímido, ensaiavas pedir um sorriso.
Eras tu, Senhor, e neguei minha alma
quando nela querias morar.
Eras tu, Senhor, e o medo fechou
as portas da minha casa,
quando, triste e só, rondavas minha rua.
Eras tu, Senhor, e eu te excluí, uma vez mais e sempre,
do meu Caminho, de minha Verdade e de minha Vida.

Alfredo J. Gonçalves

VIVER TUA PALAVRA, JESUS!

Jesus! Vieste a esta terra
para conosco viver e experimentar
nosso viver frágil e humano;
nasceste pobre, despojado de tudo,
e para ser de todos o melhor irmão.

"Se alguém me ama, guardará a minha palavra;
meu Pai o amará, e nós viremos
e faremos nele a nossa morada"
(Jo 14,23-24),
proclamaste um dia.

Ser discípulo, missionário e irmão,
ser capaz de manifestar sem cansaço
a transparência do teu viver e olhar
é o meu desejo, Jesus!

Comprometer-me com os mais fracos,
estar ao lado deles com amor,
socorrê-los em suas necessidades,
pois este é o maior mandamento
que nos deixaste, Senhor!

Celina H. Weschenfelder, fsp

EMAÚS

Há um caminho...
Há uma longa estrada...
Nessa estrada dois homens, cansados, caminham.
Mas o longe se torna perto
quando chega um terceiro peregrino.

Ao longo do caminho falaram,
ouviram, aprenderam...
mas num convite a entrar
foi que o reconheceram.
Acontece a revelação, seus olhos se abrem.

O pão partilhado revela Jesus, o Ressuscitado.
Ele é o Pão Vivo, o Deus da Vida
revelado em nossas mesas.

Mas hoje muitos sentem sua falta,
pois em muitas mesas não há pão.
Como conhecer o pão da vida?

À estrada os dois retornaram.
É preciso anunciar!
Que nosso Deus, em pão e partilha,
a nós quer se revelar.
É lição de Emaús para todo o mundo.

A comunidade de novo se reúne,
a fé os aproxima.
O laço, agora, fortalecido,
em comunhão com o Deus da vida.

Começam enfim a compreender
a pregação do bom Mestre.
O seu desejo de justiça,
liberdade e de amor para com todos.

Por isso eles saem pelo mundo,
porque na partilha está o amor,
verdadeiro amor que traz justiça,
bendita justiça que traz o pão.

E no pão se esconde o Mestre Jesus!
Na partilha se encontra o Mestre Jesus!

Paulo Airton

JESUS, QUEM ÉS?

Um profeta? Filósofo? Espiritualista?
Mito? Guru? Ou...

Jesus mesmo nos responde:

"Eu sou a Verdade" (Jo 14,6)
que esclarece e liberta.

"Eu sou a luz" (Jo 8,12)
que ilumina tua vida.

"Eu sou o caminho" (Jo 14,6)
que te leva à felicidade.

"Eu sou a vida" (Jo 11,25)
que nunca termina.

"Eu sou o amor" (Jo 15,13)
e por ti dei a vida.

"Eu sou a porta" (Jo 10,9)
que acolhe a todos.

"Eu sou o Mestre" (Jo 13,13)
que ensina o bem.

"Eu sou o teu amigo" (Jo 15,14)
e companheiro de todas as horas.

"Eu sou o Pastor" (Jo 10,11)
e amo minhas "ovelhas".

"Eu sou o filho de Maria de Nazaré" (Mc 6,3)
enquanto criatura humana.

Mas, desde sempre,
"eu sou o Filho de Deus vivo" (Mt 16,16).

"Ele é o princípio e o fim de todas as coisas" (Ap 21,6).

"É o Mestre da humanidade" (Mt 23,8).

"Redentor e Salvador" (Lc 19,10).

"Que por nós deu a vida" (Mt 20,28).

Tarcila Tommasi, fsp

O COLO DE DEUS

Ó, divina beleza,
que resplandece na vida,
do amanhecer ao anoitecer,
como uma força translúcida
que não tem o que esconder,
nem se esconde,
porque mais forte é
do que todas as forças de escondimento.

Deus vivo das entranhas de minh'alma,
que me desperta em cada amanhecer,
com o presente de um dia sempre virgem,
me conferindo um renovado prazer
de desvirginar a vida que vai se irrompendo
em cada momento que acolho...

Na despedida do que não permanece,
na esperança do que pode ficar,
do que veio sem voltar,
do que volta sem ir,
do que nunca sai nem chega,
porque somente É.

Declinando habilmente o infinito de minha vida,
movimentando o gerúndio de minha existência,
para me conduzir do amanhecer de Deus
ao Deus do amanhecer.

Carregando-me para a noite do recolhimento,
da revisão e do consolo;
para a vida do sem-fim,
que viaja em meus sonhos e sentimentos,
que germina, cresce e amadurece sem parar,
numa viagem embalada pela esperança
de uma vida que não termina,
de um sono eterno e consolador,
no colo daquele que de tudo é o Criador.

Antonio de Lisboa Lustosa Lopes

MÃE

Mãe! Tu sabes transformar todo sonho humano
em canção de ninar e esperança!

Celina H. Weschenfelder, fsp

PARABÉNS, MÃE!

Tu geras a vida como a mãe-terra,
na gratuidade de um botão em flor,
que, ao menor impulso
de calor, vento, água e luz,
se abre em multiformes
surpresas de amor.

Sabes transformar todo sonho humano
em canção de ninar e esperança.
Recolhes em teu seio o mais lindo
ramalhete da vida,
pois se entrelaçam em ti
novos elos de carinho e ternura.

És peregrina do mundo
nas mil formas, expressões e cores.
Mensageira da natureza
que sabe em quem se inspirar
no grande jardim do humano ser.

Celina H. Weschenfelder, fsp

SAUDADE DE MÃE

Eu tenho aqui comigo
que saudade de mãe é coisa séria.
Também, olha só o tamanho do seu colo,
e tudo que tem e traz!
Tem cheiro de chocolate,
bolo de fubá, pão bento,
alfazema e guloseimas.
Mas colo de mãe é coisa séria...

Colo de mãe é macio feito nuvem de algodão,
dá pra dormir gostoso com a música no coração.
E no aconchego deste colo
fui crescendo e fui ficando crescido...

Pois ela é maior que eu.
Só eu não percebia que a viagem começava
e eu não me preparava para a hora de ela lá ir.
Mas acho que ela não foi,
porque mãe nunca vai embora,
ela está sempre presente.

Foi Nossa Senhora quem ensinou minha mãe
a me ensinar que a dor vira saudade e que
o pão é comunhão. A lágrima é liberdade que limpa
os olhos da gente no avental da saudade.

Marineuza Pozzo

MISSÕES

A missão de todos nós:
esvaziar-nos para encher-nos do sopro da vida.

Salvador Medina

A MISSÃO E A VIDA

A missão do Deus da vida:
sair criando e recriando a vida,
permanecer animando e promovendo a vida,
suscitar defensores da vida, da justiça e da paz,
caminhar, tornar-se povo e gritar:
Libertação!

A missão da vida de Deus:
sair, descer e encarnar-se na vida humana,
padecer a dor, libertando
e salvando a vida do peso da cruz,
ensinar o caminho da verdade e a ética do amor,
amar até morrer e, além do túmulo, exclamar:
Ressurreição!

A missão dos companheiros do Salvador:
sair e ir ao encontro do Ressuscitado,
presente, aquém e além,
anunciar e testemunhar
o Evangelho da vida,
tecer a rede da fraternidade universal,
vestir a camisa da solidariedade e gritar:
Viva a vida!

A missão de todos nós:
esvaziar-nos para encher-nos do sopro da vida,
sair de nós para viver o ritmo das bem-aventuranças,
invocar o Reino de Deus
e apoiar o reinado do Deus da vida,
fazer coro com as multidões
no banquete final e cantar:
Amém!

Salvador Medina

DISCÍPULOS E MISSIONÁRIOS
(Poema inspirado na V Conferência de Aparecida)

Discípulo e missionário:
duas grandes realidades.
Numa Igreja samaritana,
a Boa-Nova anunciamos.

Vocacionados à santidade,
comunhão, amor e partilha,
assumimos o desafio
de trabalhar pela vida.

"Para que todos tenham vida",
disse Jesus aos seus,
impulso à evangelização,
sendo testemunhas de Jesus.

Ele se fez pobre por nós,
enriquecendo-nos com sua pobreza.
Rostos sofredores clamam
por mais justiça e solidariedade.

Leitura orante participada
da Palavra de Jesus Cristo,
e o que acontece de verdade
é a mudança de vida.

Gestação do discípulo e missionário,
conversão pessoal e das comunidades,
só acontece na união e partilha,
na justiça a favor dos pobres.

Ética na política, justiça internacional,
ecologia, repartição dos bens:
tudo isto irá se concretizar
numa maior conscientização de todos.

Cultura da comunicação,
esta é a nova linguagem,
que atinge a todos nós,
missionários da verdade.

Ir além das palavras, gestar nova sociedade
de crianças, jovens, adultos e idosos,
num avanço para as águas
mais profundas da fraternidade.

Celina H. Weschenfelder, fsp

MULHER

Se eu tivesse de dizer em uma só palavra
o que significa ser MULHER,
eu diria que é, simplesmente, ser PRESENÇA!

Alfredo J. Gonçalves

PORQUE VOCÊ É MULHER

Você embarca, todos os dias, com ritmo e melodia,
alegria, otimismo e coragem, na dança da vida.
Porque você é ternura. Você é mulher!

Mudam as necessidades do ser humano e do universo,
mas não se modificam sua paz nem seu espírito de luta.
Porque você é amor. Você é mulher!

Toda delicadeza e inspiração, de poetas, artistas e gênios,
não superam a nobreza de seu modo de ser.
Porque você é original. Você é mulher!

Ninguém consegue obscurecer a generosidade e a coragem
que a tornam forte nas dificuldades e nos riscos do dia a dia.
Porque você é grande. Você é mulher!

Nada supera a grandeza do seu coração quando reza
e ensaia a mais bela canção da vida,
no embalo dos acontecimentos.
Porque você é carinho. Você é mulher!

Celina H. Weschenfelder, fsp

MULHER – PRESENÇA

Se eu tivesse de dizer em uma só palavra
o que significa ser MULHER,
eu diria que é simplesmente,
singelamente, ser PRESENÇA.

Presença materna, quando em volta
tudo é escuro e estranho,
o mundo se agiganta
em forma de grande ameaça,
e nos sentimos débeis e fracos
como crianças indefesas.

Presença amiga,
quando precisamos de alguém ao nosso lado
para rir e chorar, ouvir e silenciar,
gritar e cantar, e para proclamar
o grande tesouro da amizade.

Presença viva, quando,
ao redor, multiplicam-se os sinais de morte.
E então tocamos em ternura e esperança
um ventre intumescido,
onde uma nova vida silenciosamente cresce
e anuncia o amanhã,
revelando que Deus ainda tem confiança
nos seus filhos e filhas.

Alfredo J. Gonçalves

MULHER, O TEU DIA É HOJE!

Prepara-te... O dia vai raiar
e logo terás que segurar as rédeas do mundo novamente.

Corre... Aguardam teu sorriso, teu colo,
teus conselhos que nunca falham,
tua crença quase infantil na vida,
tua intuição, teu amor que tende para o infinito.

O dia está apenas começando...
Vais precisar de garra
para dividir, para conquistar,
para ser sempre mais que uma onde chegar.

Vamos...
Apressa o passo!
A vida te espera,
o "não" anseia transformar-se em "sim",
o dia é hoje,
ainda há o que cativar,
terrenos férteis por onde terás de caminhar.

O tempo passa depressa demais...
Agarra tua chance de mostrar
que nada há de mais perfeito
que a tua graça herdada
para a tarefa de modelar o mundo.

Acredita...
Tu és mulher e podes tudo
porque tens tua força gerada
na mansidão do amor.

Ione Fabiano

MULHER

Mulher... flor que desabrocha para a vida,
gera, constrói, enfrenta a dor
e possibilita o nascimento do amor.

Mulher... de jeito simples,
veste e investe na perfeição.
Nos tempos atuais, ousa rimar e criar,
sem medo dos sonhos, suprimindo
de seu vocabulário a expressão "não posso".

Mulher... ao escrever a própria história,
transforma o "seu" momento.
Regente da poesia às vezes oculta,
percebe a chuva, os sons, e sente o calor do abraço
de quem parte e de quem fica...

Mulher... mesmo que não tenha gerado filhos,
nada a impede de ser fértil no amor.

Mulher... cante sua canção, reze sua oração,
embale a esperança e caminhe...

Marineuza Pozzo

NATAL

Celebrar o Natal é viver
a plenitude dos natais de cada dia!
Maria Nogueira, fsp

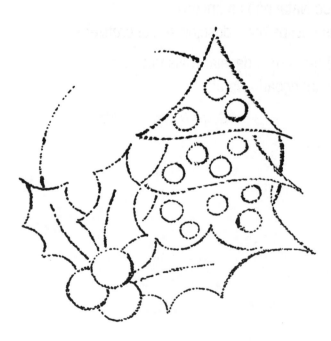

NATAL!

Surge de novo um Natal de Luz
que nos reanima e alegra na vinda de Jesus!
Ele veio nos mostrar, com certeza,
que a fraternidade e a defesa do irmão
são a melhor escolha nesta terra.

Somos convidados a viver a paz,
maior novidade e alegria que ele traz.
Sempre é tempo de proteger,
defender e aprimorar a vida,
e harmonizar a luz, o ar, o vento e o fogo.

O serviço e a dignidade dos irmãos,
opção que se torna dom em nossa vida.
O tempo do Natal não se encerra
até que os nossos bons desejos se concretizem.

Para você queremos desejar mais uma vez:
um feliz e abençoado Natal!

Celina H. Wechenfelder, fsp

NATAL É SER PRESENÇA

Deus, no eterno de seu amor, enviou à terra Jesus,
seu Filho, para assim se comunicar com a humanidade.
"E o Verbo se fez pessoa e veio morar entre nós."
Foi o primeiro Natal do mundo.
Mas Natal não é apenas uma vez por ano.
Natal é cada dia, porque cada dia carrega em si
o Filho eterno encarnado, que está presente
no coração das pessoas de boa vontade,
nas nações a caminho da paz.

Paz que se materializa nos gestos da vida.
Que se torna realidade quando o pobre,
que tem pouco, abre o coração para repartir.
Quando o sedento sabe dividir seu copo d'água.
Quando aquele que só tem um pão sabe partilhar.
Quando alguém, apesar de fraco, fortalece o débil.
Quando transformamos o quase nada que temos
no quase tudo que damos em gestos de ternura.

Descobrimos, então, que celebrar o Natal
é viver a plenitude dos natais de cada dia;
é viver cada momento as muitas oportunidades
que temos de descobrir o rosto do Menino de Belém
nos rostos que encontramos ao longo da vida.
Rostos que suplicam um olhar de amor
e de fraternidade. Este é o Natal presença!

Maria Nogueira, fsp

NATAL DE PAZ

Deus se fez criança na pobreza de uma gruta,
trouxe vida, embalando um grande sonho
de que todos nos tornássemos irmãos,
pessoas únicas e livres a ser amadas.

Jesus se fez criança para, em toda parte,
fazer crescer a esperança.
Dias melhores virão, porque muitas pessoas
generosas, na solidariedade, se fazem irmãos.

Deus se fez criança, por isso, vale a pena caminhar.
Apesar dos espinhos e cruezas, muitas pessoas
abrem as mãos e alargam o coração,
pela luta da paz universal.

Deus se fez criança, globalizou nossa esperança,
afastando para longe toda barreira,
para construirmos um arco-íris de paz
em um mundo sem fronteiras
aberto ao amor e à fraternidade.

Celina H. Weschenfelder, fsp

FELIZ NATAL PARA VOCÊ!

Quando a esperança parece ofuscada
e, de tanto procurar, já está cansada,
porém, ao surgir de novo um Natal de Luz,
nos reanima e alegra a vinda de Jesus!

Ele veio morar em nosso planeta Terra
para dizer que o Natal não se encerra.
Pois de novo somos convidados a viver a paz,
por ser a maior novidade que ele nos traz.

Tudo em nossa volta começa a brilhar
ao som de melodiosas harmonias no ar.
Sinceros votos de quem deseja, mais uma vez,
um FELIZ NATAL para você(s)!

Celina H. Weschenfelder, fsp

É NATAL PARA TODOS OS POVOS!

Convite para cada um abrir o coração
e acolher o Filho de Deus que vai chegar.
Ele vem para trazer para os povos e nações
esperança de vida nova e muita luz.

E na fragilidade de uma criança,
assume a fraqueza do ser humano.
Vem para realizar aqui na terra
o encontro do finito com o infinito,
da pobreza da humanidade
com toda a riqueza de Deus.

Deus se faz pequenino para dizer
que é tempo de acolher os humildes,
os que nada têm, os excluídos e marginalizados;
que chegou a hora de plantar no coração do mundo
as sementes do amor e da justiça.

Tornando-se criança, ele quer ensinar
que, com a soma do pouco, pode-se construir
uma terra de irmãos, diminuir as diferenças,
partilhar o pão e saciar a fome de muitos.

Que neste Natal a humanidade inteira
se dê as mãos e, irmanados na ciranda do amor,
possa cantar: Glória a Deus nos céus
e na terra paz para todos os povos e nações!

Maria Nogueira, fsp

É NATAL!

É Natal. Aniversário de Jesus.
Ele nasce nu e pobre,
para que ninguém mais passe frio e fome;
nasce fora da cidade,
para que o mundo seja a pátria de todos;
nasce excluído do convívio social,
para que todos se sintam incluídos;
nasce menino,
num convite a que jamais
deixemos de ser crianças;
nasce no chão duro de uma gruta,
para que a ninguém falte o abrigo de um teto;
nasce entre animais,
para que a vida seja respeitada
em toda sua diversidade.

É Natal: a vida está no berço, vida é berço!
Frágil e forte como a flor,
o sorriso, o canto, a luz, o amor;
como o sonho de cada pessoa!

Alfredo J. Gonçalves

SONHO DE NATAL

Natal é tempo de esperança,
contemplação, confiança e harmonia.
Revelação do infinito, do eterno,
espaço de reencontro e acolhida,
um momento novo em nossa vida.

Natal é luz, vida, ir ao encontro do outro,
formando a ciranda de fraternidade.
Natal é esperança de um novo renascer!
Natal é amor... aconchego e plenitude,
limiar de um novo tempo que nos eleva.

Natal é festa, partilha, aliança de Deus
com as suas criaturas.
Jesus veio até o nosso planeta terra,
nascendo entre os pobres pastores.
A gruta era fria e sem conforto, mas cheia de luz,
para mostrar-nos que a vida do Pai nos seduz.

Que nas famílias haja mais união e alegria,
amor, diálogo, ternura e misericórdia.
Assim, todos os povos se darão as mãos,
formando uma grande e abençoada corrente,
que perpassa o universo todo, com um caloroso abraço.

Luizinho Bastos

A PAZ DO MENINO JESUS

Menino Jesus, nasceste entre nós. Que alegria!
Glória a Deus nas alturas! Na terra, paz e harmonia!
Manhãs, sonhos, esperanças... renovam-se
em amor fraternal; povos, raças, etnias unidas
celebram no mundo o Natal.

Abençoa os dons sobre a mesa.
Inspira-nos uma nova melodia
em favor da concórdia e da paz entre as nações.

Aponta-nos novos horizontes, faze jorrar,
entre bênçãos e graças, água pura nas fontes,
formando um arco-íris nas praças.

Nasceste tão simples, menino!
Por isso te pedimos, hoje, que aumentes
a nossa fé e certeza; envolve-nos
com tua singela ternura e com a luz
do teu sorriso-criança.

Ilumina nossas mentes e corações,
como também todas as nações,
e que nas famílias haja união e harmonia.

Que a mãe-natureza seja preservada
e em nosso planeta haja tua infinita paz,
Ó Menino de Belém!

Luizinho Bastos

NOSSA SENHORA

Jovem da esperança e do SIM,
virgem da encarnação e da inculturação.
Maravilhas fez em ti o Criador!

Salvador Medina

MARIA MISSIONÁRIA

Moradora de Nazaré, judaica de tradição,
mulher da anunciação e do diálogo interior.
Jovem da esperança e do SIM,
virgem da encarnação e da inculturação.
Maravilhas fez em ti o Criador!

Esposa retirante ao lado de José,
geradora do prometido Emanuel.
Guarda apresentadora na manjedoura em Belém,
contemplativa iluminadora pelo arrebol do novo Sol:
tudo guardavas lá no fundo do teu coração!

Caminheira pressurosa das montanhas do interior,
visitadora da partilha solidária e do serviço libertador.
Presença discreta e criativa na aurora da vida,
resistente e corajosa na tarde urbana da aflição:
bendita és de geração em geração!

Discípula, integrante da comunidade orante,
companheira destemida na noite clandestina.
Com o fogo adentro e levada pelo vento,
fostes além-fronteiras, até o fim dos tempos.
És santa e missionária, com ternura libertadora!

Salvador Medina

SANTA MARIA, MÃE DE DEUS!

Santa Maria, Mãe de Deus!
Deste ao mundo a verdadeira luz,
Jesus, teu Filho — o Filho de Deus.

Tu te entregaste completamente
ao chamado de Deus
e assim te tornaste fonte de bondade
que jorra de Deus.

Mostra-nos Jesus!
Encaminha-nos a ele.
Ensina-nos a conhecê-lo e a amá-lo.
Torna-nos capazes do verdadeiro amor
E de sermos, assim, fonte de água viva
a este mundo sedento.

Bento XVI (Encíclica Deus caritas est)

MARIA

Precedes todos os cristãos,
sob as graças do pleno Amor.
És serva, mãe, mestra e discípula.

O Verbo de Deus em ti se torna vida
e o entregas à humanidade.
Cantas louvores ao Criador
por ouvir o clamor do teu povo.

Casa da Trindade, intercedes pelos necessitados!
Aconselhas a fazer o que o teu Filho diz.
E no silêncio meditas os mistérios do Pai
para transformá-los em vida.

Face materna de Deus,
recebes com amor toda a humanidade.
Em pé, enfrentas a dor, acolhes os injustiçados,
e encorajas os pequeninos que não desistem do caminho.

Daniela Lima da Silva

PROTEGE-ME, Ó MARIA!

Protege-me como as pupilas protegem os olhos,
assim poderei ver as belezas de tua mão
e me encantar com a grandeza da criação.

Ilumina-me como o sol ilumina os montes,
assim poderei clarear os cantos escuros das dores
e me alegrar com a infinita sinfonia das cores.

Toca-me como as ondas tocam as praias,
assim poderei sentir o calor de tua presença
e me saciar com as recordações de tua ausência.

Abraça-me como os animais acariciam seus filhotes,
assim poderei caminhar por estradas infinitas
e me colorir nas tintas de tua harmonia.

Ó Mãe, protege-me como o pai e a mãe amparam sua criança,
assim poderei viver meus dias de profunda aliança,
unido a Jesus que me reveste de sabedoria
e me agracia da consolação até aquele dia.

Antônio Sagrado Bogaz e João Henrique Hansen

MÃE DIVINA DA GENTE

Eu te vejo, Maria, nos caminhos da Palestina.
Tu segues teu Jesus, seu caminho de luz.
Eu te vejo, Mãe corajosa, com passos seguros.
Atravessa os muros, Maria, mãe bondosa!

Eu te encontro, Maria, nos rumos da Galileia.
Tu conduzes teu Filho, sua missão de brilho.
Eu te encontro, Mãe fiel, com olhar confiante.
Ultrapassa os montes, Maria, mãe gentil!

Eu te olho, Maria, nas ruas do universo.
Tu segues teu Senhor, seu projeto de amor.
Eu te olho, Mãe puríssima, com sonhos serenos.
Vence os desterros, Maria, mãe santíssima!

Eu te encontro, Maria, nas curvas do mundo.
Tu abraças teu Menino, tua luz no caminho.
Eu te encontro, Mãe piedosa, com carinho.
Ilumina nossos porões, Maria, mãe amorosa!

Eu te louvo, Maria, nas contas do rosário.
Tu desfilas teus Mistérios, tua vida é um ministério.
Eu te louvo, Mãe amável, com clamores suaves.
Oferta-nos o Senhor, Maria, mãe do amor!

Antônio Sagrado Bogaz e João Henrique Hansen

CRIANÇAS EM PRECE
(Oração a Nossa Senhora de Fátima)

As crianças velam, com velas e muita oração.
Suplicam à Mãe de Fátima muita graça e proteção.

As crianças suplicam, com cantos e alegria.
Suplicam à Mãe de Fátima muita paz e harmonia.

As crianças suplicam, com versos e piedade.
Suplicam à Mãe de Fátima muita luz e fraternidade.

As crianças suplicam, com poemas e muita ternura.
Suplicam à Mãe de Fátima muita fé e candura.

As crianças suplicam, com rosário e muita convicção.
Suplicam à Mãe de Fátima muita bondade e salvação.

As crianças suplicam, com preces e muita certeza.
Suplicam à Mãe de Fátima muita santidade e beleza.

As crianças suplicam, com louvores e muita pureza.
Suplicam à Mãe de Fátima muita bondade e gentileza.

As crianças suplicam, com lágrimas e muita gratidão.
Suplicam à Mãe de Fátima muito amor no coração.

Antônio Sagrado Bogaz e João Henrique Hansen

VIMOS A TI, MARIA APARECIDA

Vimos a ti, Maria, Mãe Imaculada Aparecida,
para que desapareça de nossos dias a agonia
e reapareça em nossas estradas tua alegria.

Vimos a ti, Maria, Mãe Negra Aparecida,
para que desapareça de nossa gente a discriminação
e reapareça em nossa famílias tua filiação.

Vimos a ti, Maria, Mãe Libertadora Aparecida,
para que desapareça de nossa pátria a escravidão
e reapareça em nossos povos tua irmanação.

Vimos a ti, Maria, Mãe Terna Aparecida,
para que desapareçam das ruas as agruras
e reapareça em nossas crianças tua ternura.

Vimos a ti, Maria, Mãe Sincera Aparecida,
para que desapareça dos poderosos a desonestidade
e reapareça em nossa sociedade a verdade.

Vimos a ti, Maria, Mãe Caminhante Aparecida,
para que desapareça dos corações as guerras
e reapareça para nossos indigentes a terra.

Vimos a ti, Maria, Mãe Peregrina Aparecida,
para que desapareça dos espíritos a vaidade
e reapareça em nossos lares a fraternidade.

Antônio Sagrado Bogaz e João Henrique Hansen

PROCISSÃO A GUADALUPE

Tantos fiéis a caminho, na estrada de Guadalupe.
São índios de tantas raças!
Marcham pelo imenso continente
buscando sua libertação

Tantos fiéis a caminho, na estrada de Guadalupe.
São negros de tantas etnias!
Caminham pelas escuras senzalas
procurando sua dignidade.

Tantos fiéis a caminho, na estrada de Guadalupe.
São camponeses de tantas roças!
Peregrinam pelas longas paragens
construindo sua igualdade.

Tantos fiéis a caminho, na estrada de Guadalupe.
São imigrantes de tantas bandeiras!
Percorrem tristes desterros
fabricando sua fraternidade.

Tantos fiéis a caminho, na estrada de Guadalupe.
São filhos de tantas prisões!
Rasgam hediondas ondas
banhando sua esperança.

Com as cores destas bandeiras de teu povo caminhante,
tinge em Guadalupe as cores de teu manto fascinante.
Com as luzes de nossos olhos cheios de humildade,
clareia teu olhar de Ameríndia Maternidade.

Antônio Sagrado Bogaz e João Henrique Hansen

DISTANTE DE TI, MARIA

Distante de ti, alço meu voo como passarinho a voar sozinho.
Me perco na ventania, não sei onde pousar.
Ó Maria, Mãe da Sagrada Família,
tu és o aconchego de meu ninho.

Distante de ti, solto minha voz como rouxinol em canção.
Desafino meu cantar, não sei harmonizar.
Ó Maria, Mãe da Rosa Mística, tu és minha perfeita afinação.

Distante de ti, elevo meus olhos como anjos em sinfonia.
Navego no vazio das pupilas, não sei olhar.
Ó Maria, Mãe dos Caminhantes, tu és minha alegre harmonia.

Distante de ti, danço meus passos como ondas
de um vento suavizante.
Desacerto meu sopro, não sei balouçar.
Ó Maria, Mãe da perfeita alegria, tu és minha música cintilante.

Distante de ti, descrevo meu verso como poeta da amizade.
Desacredito meus poemas, não sei mais como rimar.
Ó Maria, Mãe do Divino Amor, tu és minha segurança na verdade.

Distante de ti, desabrocho utopias como perfume de uma flor.
Assusto-me em pesadelos, não sei mais sonhar.
Ó Maria, Mãe Pura do meu Senhor,
tu és meu adormecer sem dor.

Antônio Sagrado Bogaz e João Henrique Hansen

TEU NOME, MARIA

Teu nome, Maria, é como uma coroa de flores:
revela as tuas virtudes e todos os teus valores.

Teu nome, Maria, é como um jardim de fantasias:
revela as tuas graças e todas as tuas alegrias.

Teu nome, Maria, é como um rosário de cores:
revela as tuas conquistas e todas as tuas dores.

Teu nome, Maria, é como um poema de memórias:
revela as tuas agonias e todas as tuas vitórias.

Teu nome, Maria, é como um tratado de doutrina:
revela tua grandeza e teu jeito de menina.

Teu nome, Maria, é como um espinho na cruz:
revela tua fidelidade e teu amor por Jesus.

Teu nome, Maria, é como um grito de salvação:
revela tua postura e toda tua oração.

Teu nome, Maria, é como um sonho de felicidade:
revela teus poderes e toda tua bondade.

Teu nome, Maria, é como uma ladainha:
revela tua humildade, ensina que és rainha.

Antônio Sagrado Bogaz e João Henrique Hansen

MANJEDOURA DIVINA

Teu ventre, Maria, é morada celestial
onde habita Deus, o Senhor da glória,
tracejando os rumos de nossa conflitiva história.
Arranca deste mundo toda dor e todo mal.

Tua vida, Maria, é sonho peregrino
onde opera a Trindade, o Senhor da felicidade,
restaurando as forças de nossa frágil humanidade.
Remova das raças todo preconceito e todo projeto mesquinho.

Teu olhar, Maria, é farol luminoso
onde resplandece o Pai, o Senhor da alegria,
renovando as ruínas de nossa desvairada família.
Arranca das etnias todo conflito e todo terrorismo maldoso.

Teu coração, Maria, é manjedoura suave,
onde repousa Jesus, o Senhor da luz,
suavizando os pregos de nossa dolorida cruz.
Retira deste povo toda mágoa e toda maldade.

Tua alma, Maria, é nicho de beleza,
onde mergulha o Espírito, o Senhor da consolação,
clareando as trevas de nossa triste aflição.
Afasta destes fiéis todo medo e toda tristeza.

Antônio Sagrado Bogaz e João Henrique Hansen

SOMOS TEUS FILHOS, MARIA

— Somos teus filhos, Maria — cantam os anjos celestiais.
— Acolhe-nos em teus abraços maternais.
— Vinde, filhos meus, anjos de Deus!
Vos tomarei como filhos, como filhos meus.

— Somos teus filhos, Maria — ressoam os seres criados.
— Acolhe-nos em teus sonhos dourados.
— Vinde, filhos meus, criaturas incontáveis!
Vos tomarei como filhos, como filhos adoráveis.

— Somos teus filhos, Maria — reclamam as crianças abandonadas.
— Acolhe-nos em tuas mãos consagradas
— Vinde, filhos meus, crianças inocentes!
Vos tomarei como filhos, como filhos contentes.

— Somos teus filhos, Maria — suplicam os anciãos esquecidos.
— Acolhe-nos em teus braços enternecidos.
— Vinde, filhos meus, idosos cansados!
Vos tomarei como filhos, como filhos amados.

— Somos teus filhos, Maria — cantam os pobres maltratados.
— Acolhe-nos em teus olhos imaculados.
— Vinde, filhos meus, indigentes oprimidos!
Vos tomarei como filhos, como filhos queridos.

— Sou teu filho, Maria — balbucia o Menino Jesus.
— Acolhe-me em teu colo na hora da Cruz.
— Vem, filho meu, salvador da humanidade!
Te tomarei como filho, por toda a eternidade.

Antônio Sagrado Bogaz e João Henrique Hansen

BATE PALMAS, MARIA

Bate palmas, Maria, nas portas de minha moradia.
Traz teu Jesus, anuncia um novo dia.
Leva para longe, muito longe, os temporais.
Ensina meu coração a amar sempre, sempre mais.

Bate palmas, Maria, nas vidraças de meu sentimentos.
Importa teu Jesus, aclama um novo momento.
Afasta para distante, muito distante, a insensatez.
Alfabetiza minha consciência na simplicidade, outra vez.

Bate palmas, Maria, nas fronteiras de minhas convicções.
Imprime teu Jesus, escreve novos refrões.
Arranca para sempre, todo sempre, a omissão.
Diviniza minha mística, sempre sim, nunca não.

Bate palmas, Maria, no reino do meu ideal.
Implanta teu Jesus, anuncia seu amor universal.
Vibre com vigor, mais vigor, meu ventre.
Desencadeia minha piedade, novamente, de repente.

Bate palmas, Maria, como nas montanhas de Isabel.
Acolhe teu Jesus, batiza meu Filho, nutrido de mel.
Enlaça com humildade, mais bondade, bondade materna.
Protejamos nossos filhos, unidade eterna, sempre terna.

Antônio Sagrado Bogaz e João Henrique Hansen

D'ACHIROPITA DE CARVALHO
(Homenagem à família Achiropita)

Formosa, despontaste na manhã de Nazaré,
como mãe divina, mulher missionária de fé.
Numa moldura, encarnaste numa Igreja caminhante,
peregrinaste da Calábria ao Bixiga imigrante.

Por mares e terras, navegaste em solidária procissão,
na alma fiel da italiana gente em peregrinação.
Foste acolhida por filhos da noite e do entardecer,
qual carvalho solidário feito moradia para proteger.

Família d'Achiropita, um carvalho antigo e forte,
anos e décadas, "ottantanni" de bela sorte.
Teus ramos são filhos de raças e povos mil,
adotando em fé e caridade os filhos do Brasil.

"Ottantanni" selados por padroeiros de preciosa santidade,
Achiropita é mãe de amor, São José é pai de bondade.
Vicente, Filipe, Mãe da Ripalta e Orione são santos de comunhão
dessa gente pioneira, povo de Deus em peregrinação.

Nosso rosário é um ritual e preces contentes de gratidão,
servindo os maltratados nas ruas e nos porões.
Com pequeninos, idosos, empobrecidos, em harmonia,
celebramos nosso jubileu de carvalho na alegria.

Antônio Sagrado Bogaz e João Henrique Hansen

NOSSA SENHORA DO BOM PARTO OU DO Ó

Ó Virgem, Mãe da Expectação,
ajuda cada mãe que leva em seu ventre
a semente de vida em gestação!
Dá-lhe a felicidade de exclamar o feliz "Ó"!

Nossa Senhora do Ó, que os profetas anunciaram
e os cristãos veneram, protege-nos a toda hora!
Foste a bendita entre as mulheres,
por Deus a escolhida para ser a Mãe do Redentor.

O primeiro e verdadeiro Amor,
Nossa Senhora da Expectação,
em ti se deu a Encarnação do Messias,
pelos Profetas desejado e pelo Anjo Gabriel anunciado.

Contemplo-te Maria, bonita e juvenil, Virgem grávida,
com o ventre arredondado, lembrando um "Ó" no céu desenhado.
Com uma mão no peito e a outra despejando graças mil,
fazes nascer Jesus nos corações.

Ilumina com esta divina luz o mundo envolto na escuridão
e alcança-nos dos pecados o perdão!
Como um dia os pastores, nós, teus filhos pecadores,
ao ver teu fruto bendito, neste momento,
exclamamos o "Ó" de encantamento!

Contigo repetindo com muito fervor
as inspiradas invocações,
singelas orações

que alcançam o trono do Senhor.
Ó Sabedoria do Altíssimo,
vem ensinar-nos o caminho da prudência!
Ó Adonai, guia de Israel,
vem resgatar-nos com a força de teu braço!
Ó raiz de Jessé, sinal dos povos,
vem libertar-nos, não tardes mais!
Ó chave de Davi e Cetro da casa de Israel,
vem nos libertar da sombra da morte!

Ó Oriente, esplendor da Luz e Sol de Justiça,
vem e ilumina os que vivem na escuridão.
Ó Rei das nações, vem e salva-nos!
Ó Emanuel, nosso Rei e Legislador,
Esperança e Salvação das nações,
aponta-nos o reto caminho,
vem salvar-nos, nosso Deus e Senhor!

Mario Basacchi

A MÃE ABENÇOADA

"Bendito é o fruto do teu ventre",
disse Isabel a Maria, Mãe de Jesus.
Abençoada é toda mãe,
que de Deus recebeu um filho,
dom preciosíssimo
e inestimável presente.

Abençoado do Altíssimo
o homem cuja esposa
gerou-lhe um filho.
"Sua mulher é em seu lar
como uma vinha fecunda.
Seus filhos, como brotos de oliveira."

Feliz e abençoado é o ancião
cuja coroa são os filhos de seus filhos.
Nos dias de aflição
será por eles consolado.
Nos dias de alegria
será com eles que repartirá a vida.

A semente lançada pelo ímpio
em terra estéril e egoísta
não frutifica e não gera nova vida.
"Não haverá descendência para o ímpio,
nem posteridade que a ele sobreviva."
O efêmero prazer sensual será seu princípio e fim.

Os cônjuges doando-se a si mesmos,
tornando-se uma só carne,
prolongam seu amor
na realidade do filho,
reflexo vivo do primeiro Amor,
sinal permanente da unidade conjugal.

O filho é a síntese viva
e indissociável de ser pai e mãe.
Mãe, a família, a Pátria e o mundo
precisam de ti.
Abençoada sejas no teu ventre,
no teu peito, no teu ser todo.

Abençoada por Deus,
por teu marido e por teus filhos,
neste dia a ti consagrado
e por todos os outros de tua vida,
que desejamos longa e feliz,
cheia de paz e de alegria.
Agora mães também.

Mario Basacchi

NOSSA SENHORA DOS REMÉDIOS

Mãe da misericórdia e do amor,
da ternura e do acolhimento!
Vinde aliviar em nossa vida
a dor deste povo corajoso e sedento!

Desde tantos séculos a todos que vos buscaram,
neste cantinho do céu da linda Noronha, o refúgio, o conforto,
e a esperança, em vós sempre os encontraram.
Mãe dos Remédios, todos com vós sonham!

Olhando o vosso semblante de amor,
nós a ti clamamos, confiantes, ó mãe clemente, piedosa,
amparai, protegei, bendizei e guardai-nos
sob vossa maternal bondade.

Sois a padroeira deste povo corajoso,
que se firmou neste chão abençoado,
que enfrenta tudo de modo maravilhoso,
nessa terra "sem males" por todos saudada.

Neste paraíso ecológico, que todos almejam,
montanhas guardiãs a proteger os ambientes,
os peregrinos só veem beleza e é o que desejam,
ao contemplar o vaivém das águas contentes.

Mãe dos Remédios, padroeira deste lindo povo,
que nas horas difíceis e adversas nos aconchegais,
neste grande colo materno que nos acolhe de novo,
e nós, o vosso amado Filho Jesus levais.

Celina H. Weschenfelder, fsp

PADRE

Sou padre, Senhor!
Nem por isso deixei de sentir, de aprender, de sentir saudade.
Tornei-me maduro e experiente,
para poder doar-me melhor aos irmãos.

Edson Adolfo Deretti

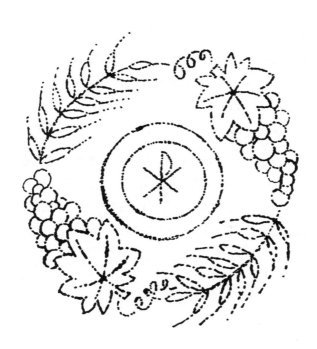

SER PADRE

Senhor! Por amor a ti, respondi "sim" ao chamado
que me fizeste para te seguir. No início da caminhada
cheguei até a pensar que havia respondido em lugar de outro,
pois tantas foram as dúvidas, pensando que devia
por outro caminho trilhar.

Mas com a tua graça, as incertezas desapareceram
e as certezas se confirmaram no dia a dia.
O teu amor por mim foi se tornando mais claro
e, se cheguei até aqui, com certeza,
foi graças a teu amor por mim!

Já sou padre... e sinto-me feliz e realizado.
As dificuldades cotidianas levaram-me a confiar e acreditar
que não podes mais ficar longe de mim e eu te ti.

Apesar de ser padre, não deixei de errar,
de sentir saudade, de ter as minhas carências.
Não deixei de aprender, ao contrário, Senhor,
tornei-me maduro e experiente,
para poder, ao teu lado, doar-me melhor aos irmãos.

Senhor! No fim de tua vida tiveste a cruz como prêmio,
mas teu Pai te deu nova vida, pela feliz ressurreição!
Terei o mesmo fim? Não sei... Mas se isto me ocorrer,
ajuda-me a ir até o fim, pois tu és o meu maior amigo.

Edson Afonso Deretti

SACERDOTE

Sacerdote! Teus pés foram escolhidos
para andar entre espinhos,
por tortuosos caminhos,
em busca dos desvalidos,
dos órfãos, dos excluídos.

Sacerdote! Teus ouvidos foram escolhidos
para ficar sempre alertas,
atentos à Voz do Alto,
para escutar o gemido
pungente dos abandonados
e o grito dos desesperados.

Sacerdote! Tua boca foi escolhida
e abençoada para proferir
palavras de carinho
e conselhos verdadeiros,
para abrir-se nas horas felizes
e no momento derradeiro,
e deixar fluir, em cascatas,
a Palavra que cura por inteiro.

Rosa Maria Ayres da Cunha

CONTEMPLAÇÃO
(Homenagem aos sacerdotes)

Contemplo em teu rosto o olhar do meu Senhor,
que vela pelo mundo, com ternura e amor,
ofertando preces com tanta fé e bondade,
para construir no mundo a fraternidade.

Contemplo em tuas mãos as virtudes do Redentor,
Que se oferta pelos povos, com gratidão e louvor,
praticando a caridade com grandeza e delicadeza,
para restaurar no universo a beleza.

Contemplo em tua voz as profecias do Libertador,
que clama pela justiça, com coragem e temor,
proclamando a verdade com força e utopia,
para semear na sociedade a alegria.

Contemplo em teu coração os sentimentos do Salvador,
que encantam o povo, com serenidade e calor,
partilhando misericórdia com carinho e doação,
para semear na vida a emoção.

Contemplo em tua alma as luzes da Trindade,
que iluminam os caminhos com infinita caridade,
vivendo a unidade com carinho e segurança,
para cultivar nos corações a esperança.

Antônio Sagrado Bogaz e João Henrique Hansen

PAI

Meu pai! És ternura de Deus
e presente constante!
Meu pai! És canção de ninar,
melodia da gente!

Celina H. Weschenfelder, fsp

NOSSA HISTÓRIA DE VIDA
(Homenagem aos pais)

Tracei nossos caminhos, na recordação de teu carinho,
fazendo memória de nossa íntima história
dos anos vividos no calor de teus braços,
de tanto calor humano emanado de teus abraços.

Nunca me esquecerei, meu Pai protetor,
dos gestos e afagos em teus gestos de amor,
nos primeiros tempos de minha nascente história,
saudades vivas em minha feliz memória.

Me lembrarei para sempre, meu Pai amoroso,
dos teus suores e fadigas em teu olhar bondoso,
nos dias bonitos de minhas infantis aventuras,
lembranças inesquecíveis de tua infinita ternura.

Guardarei infinitamente, meu Pai querido,
de tuas palavras e conselhos nos momentos sofridos,
nos sonhos fascinantes no lar de tua bondade,
construindo nossas histórias na luz de tua amizade.

Levarei para o paraíso, meu Pai saudoso,
tuas memórias e teu olhar carinhoso,
num tempo inefável na casa do Pai eterno,
na eternidade feliz, sob teu amor paterno.

Antônio Sagrado Bogaz e João Henrique Hansen

BALADA PARA O MEU PAI

Teu amor, ó pai, se traduz a todo instante
em palavras, em gestos, palpites e sonhos.
Mesmo que muitas vezes eu pense à toa,
no caminho, ao teu lado, o amor é que conta.

Meu pai! És ternura de Deus e presente constante!
Meu pai! És canção de ninar, melodia da gente!

Na conversa um segredo confessas:
"Meu filho, te amo!". E distantes sofremos saudades,
querendo que pare o tempo para nos encontrarmos.
Ao rever-nos, eu caio em teus braços, nem penso.
Na verdade, amigos nós somos e sempre bem francos.

Sabes, pai, que os anos passaram e cresceu a luta da vida.
Mas eu nunca deixei de sentir tua força ao meu lado.
Sobes alto no mastro e dizes: "Meu filho, coragem!
Sejas forte na luta e também não estás sem amparo".

Meu pai! Amigo, companheiro, meu velho, paizão!
Na canção que embala e motiva a dizer-te
o quanto te amo. Peço a Deus que ele ouça
os apelos e anseios que trazes sempre contigo,
e eu aprenda o teu caminho de fé,
amor, carinho, dedicação e coragem.

Celina H. Weschenfelder, fsp

PAI, É DE TI QUE ME LEMBRO

Quando a cotovia gorjeia no ninho,
agasalhando os filhotes sob as asas,
é de ti que me lembro, pai,
a me envolver em teus ternos braços
como se foram um abrigo.

Assim que o sol desponta
e ilumina a estrada,
é de ti que me lembro, pai,
lançando teus raios generosos
em meus equívocos e erros.

Ao sentir a brisa da primavera
acariciar docemente meu rosto,
é de ti que me lembro, pai,
pois teus suaves conselhos
dão alívio ao meu coração aflito.

Quando vejo o nascente sussurrando,
descendo a montanha, dadivosa,
é de ti que me lembro, pai,
fonte inesgotável de amor,
em perene doação.

Rosa Maria Ayres da Cunha

DEUS É PAI

Quando o sol ainda não havia cessado o brilho,
quando a tarde engolia aos poucos as cores do dia
e despejava sobre a terra os primeiros retalhos de sombra,
eu vi que Deus veio assentar-se perto do fogão da minha casa.
Chegou sem alarde, retirou o chapéu da cabeça
e buscou um copo de água no pote de barro
que ficava num lugar de sombra constante.

Ele tinha feições de homem feliz, realizado,
parecia imerso na alegria que é própria
de quem cumpriu a sina do dia e que agora
recolhe a alegria cotidiana que lhe cabe.

Eu o olhava e pensava: "Como é bom ter Deus dentro de casa!
Como é bom viver essa hora da vida em que tenho direito
de ter um Deus só pra mim".

Cair nos seus braços, bagunçar-lhe os cabelos,
puxar a caneta do meu bolso e pedir que ele desenhasse
um relógio bem bonito no meu braço.

Mas aquele homem não era Deus;
aquele homem era o meu pai, e foi assim que descobri
que meu pai, com seu jeito finito de ser Deus,
revelava-me Deus com seu jeito de ser homem.

Pe. Fábio de Melo

EU TE AGRADEÇO, PAI!

Eu te agradeço, pai,
por me olhares
com terna serenidade,
por me enxergares
além das minhas aparências,
por vislumbrares,
oculto em minha finitude,
o ser irrepetível,
obra do Imarcescível.

Eu te agradeço, pai,
por me compreenderes,
por me acolheres
sem preconceitos,
por me aceitares como sou,
sem apontar falha ou defeito,
quando me ensinas a trilhar
o caminho perfeito.

Eu te agradeço, pai,
por me colocares ao colo
e me levares à fonte
para beber da água
que limpa todo o meu ser
e me ajuda a crescer.

Rosa Maria Ayres da Cunha

EU O ADMIRO MUITO, MEU PAI!

Sabe pai, nesta vida agitada,
quase não dá tempo para conversarmos,
mas o amo muito por ser
o pai maravilhoso que me educou
para me preparar para a vida
e para nada me faltar.

O pai amigo e compreensível,
que, mesmo aborrecido com meus impulsos,
perdoou e se empenhou, de coração,
para sempre estar ao meu lado.

O pai idealista e vencedor que sonhou
com meu futuro, porque só desejava
o melhor para mim.
Obrigado, pai!

Meu maior desejo é viver
muitos dias felizes ao seu lado,
porque em minha vida
você é um reflexo do infinito
amor de Deus.

Luizinho Bastos

PRECE DE UM PAI

Senhor, é maravilhoso ter filhos
e conviver com eles ao lado de minha esposa.
Faze com que meu compromisso de ser pai
seja um reflexo do teu infinito amor de Pai.
Ilumina-me para que eu saiba amá-los
sem impor regras nem condições.
Inspira-me a perdoá-los e corrigi-los
sem severas exigências.
Orienta-me para que eu seja um pai amigo
e alegre, apoiando-os na vocação e nos sonhos.
Dá-me sabedoria para compreender os impulsos
e inovações na juventude de meus filhos.
Abençoa a aliança com minha esposa
que tanto me ajuda a educá-los.
Eu te ofereço a harmonia de minha família,
agradeço-te pela saúde e o pão de cada dia
e peço-te que os abençoe e conduza
meus filhos pelo caminho do bem. Assim seja!

Luizinho Bastos

PÁSCOA

Celebre o Amor! Celebre a Vida!
É o dia da Páscoa! O Senhor ressurgiu!

Maria Nogueira, fsp

O PÃO DA PÁSCOA

Desceu do céu e habitou na "casa do pão",
trabalhou na marcenaria, ganha-pão do pai José,
comeu trigo amassado pela mão da mãe Maria,
cresceu sem o fermento do fariseu local.
Em público se identificou: "Eu sou o pão da vida".

Passou pedindo, multiplicando e repartindo o pão,
o pão do pai-nosso: "Dá-nos hoje o pão de cada dia";
o pão do pobre: cinco pães
para saciar cinco mil pessoas;
o pão da organização:
distribuído sem desperdiçar.
Passagem do isolamento individual
para a partilha fraternal!

Semeador do Reino no rico terreno dos pobres:
sementes de vida multiplicada na mesa do amor,
sacramento do pão e do vinho partido e repartido,
aliança nova selada na densa noite da traição.
Passagem do suor no Horto
para o "sangue e água" da Cruz.

O Pão da Páscoa celebra a Páscoa do Pão:
vitória da vida sobre a morte,
inauguração da fraternidade universal,
triunfo da verdadeira libertação
sobre toda escravidão.
Lição de vida neste cemitério neoliberal!

Salvador Medina

É PÁSCOA!

A noite da escuridão passou!
No mundo inteiro a aurora raiou.
Na manhã, os primeiros raios de sol
surgiram, iluminando este dia em festa.

Nas torres dos templos soaram os sinos
anunciando: é Páscoa, é Páscoa do Senhor!
Tudo é festa; abra o seu coração
deixe que a luz do Ressuscitado
penetre no seu ser,
abrindo-se às coisas novas.

Celebre o Amor! Celebre a Vida!
É o dia da Páscoa! O Senhor ressurgiu!
É hora de recomeçar, de sonhar, de viver!
É tempo de abrir a alma para acolher o amor,
para encher de esperança o mundo inteiro
e abrir caminhos à compreensão,
ao acolhimento, porque Páscoa
é fraternidade, é partilha.

Páscoa é acreditar no amanhã,
é sorrir para o irmão!
É viver a plenitude da ressurreição!

Maria Nogueira, fsp

FELIZ PÁSCOA! VOCÊ ESTÁ VIVENDO-A!

Você já escutou o som de uma plantinha quando cresce?
Já ouviu o som de uma flor que se abre à luz do sol?
Escutou o som da sombra da noite,
quando envolve a terra na escuridão?
Já sentiu a leveza da aurora quando,
ao amanhecer, pousa sobre o mundo a sua luz?

Se você ainda não se deu tempo
para escutar a natureza... ao menos
captou as vibrações de sua mente
quando se abriu para
a compreensão de uma palavra?
Já percebeu a beleza de uma expressão carinhosa,
quando desliza da mente até o coração?
É possível que toda essa realidade já esteja
envolvendo sua vida. Pode ser também
que você não tenha desenvolvido tal sensibilidade...
para perceber sem ver.

Assim acontece no plano da fé.
É a fé que nos faz ver o invisível
e experimentar a sua realidade:
Deus ama você. Ele enviou seu Filho Jesus
para indicar-lhe o caminho da salvação.
Jesus deu sua vida para que ninguém
permanecesse na morte.

Com sua RESSURREIÇÃO revelou e nos trouxe
aquela VIDA NOVA que, no fundo do nosso coração,
você deseja viver.

Nesta Páscoa perceba o que Jesus fez por você!
Descubra a beleza da FÉ!
Agarre a força da esperança e do amor!
Sintonize o sentido profundo desta vida nova!
E corra... para testemunhar aos outros
esta maravilha!

Tarcila Tommasi, fsp

QUE A PÁSCOA ACONTEÇA

É Páscoa: tempo de esperança e ação.
Tempo para começar uma vida nova,
na certeza de que, nas mãos de Deus,
até a morte pode transformar-se em vida.

Que a luz do Ressuscitado ilumine
seu caminho e lhe dê forças para prosseguir.
Com certeza, todas as noites escuras
acabam tendo a sua aurora.

Que a Páscoa aconteça em sua vida!
Creia e alegre-se: ela já está acontecendo.

Ressuscitei e estou com você...
"porque meu amor é para sempre" (cf. Sl 136[135]).

Tarcila Tommasi, fsp

PAZ

Dá-nos, Senhor, aquela Paz inquieta,
que não nos deixa em paz!

Pedro Casaldáliga

A PAZ INQUIETA

Dá-nos, Senhor, aquela Paz inquieta
que denuncia a paz dos cemitérios
e a paz dos lucros fartos.

Dá-nos a Paz que luta pela Paz!

A Paz que nos sacode
com a urgência do Reino.

A Paz que nos invade,
com o vento do Espírito,
a rotina e o medo,
o sossego das praias
e a oração do refúgio.

A Paz das armas rotas
na derrota das armas.

A Paz do pão da fome de justiça,
a Paz da liberdade conquistada,
a Paz que se faz "nossa"
sem cercas nem fronteiras,
que é tanto "Shalom" como "Salam",
perdão, retorno, abraço...

Dá-nos a tua Paz,
essa Paz marginal que soletra em Belém
e agoniza na Cruz
e triunfa na Páscoa.

Dá-nos, Senhor, aquela Paz inquieta,
que não nos deixa em paz!

Pedro Casaldáliga

A PAZ QUE SOMOS

A paz não é apenas
a flor branca
nas pontas de uma vida.
A paz é a raiz e a seiva,
é a árvore toda.

A paz não se improvisa
num gesto de teatro
alvoroçando bandeiras.

A paz se é
estando em paz consigo,
com Deus e com o Mundo.

A paz é sermos paz,
pensando paz,
falando em paz,
fazendo paz.

Temos a paz que somos,
a paz que damos,
a paz que recebemos
d'Aquele que é a Paz.

Pedro Casaldáliga

O DOM DA PAZ

Bem-aventurados
os que promovem a paz,
porque serão chamados
filhos de Deus!

Paz para quem chega!
Paz para quem parte!
Paz para quem está distante de nós!

Nada, senão nós mesmos,
pode nos trazer a paz
tão sonhada pelos povos e nações
deste planeta globalizado.

Que a paz interior
preencha toda a sua vida
para que você seja de verdade
a paz encarnada e desejada
por todas as famílias,
pátrias e continentes.

Celina H. Weschenfelder, fsp

EMBAIXADORES DA PAZ

Ecos heroicos ressoam sem limites
pelas fronteiras e confins do planeta.
Embaixadores da paz
globalizam sentimentos
e gestos fraternos
por uma causa multicultural:
desarmar nações para celebrar a paz.

E nesta marcha triunfante
para erradicar as raízes da guerra,
todos os recursos estarão conectados
para que cada um faça a sua parte.

Ora, não vale a pena se omitir.
A missão é nobre, justa, incondicional.
O retorno é humano, coletivo, global.
Por meio da interação dos costumes,
do intercâmbio de filosofias,
do diálogo ecumênico
e de uma simples iniciativa,
poderemos promover a paz.

A paz, utopia viva da humanidade,
sonho universal de Deus.

Luizinho Bastos

PAZ PREVENTIVA

Por que não inventamos
A Paz preventiva?

Fazemos das armas
um monte,
para reciclá-las
em rodas, em discos,
em livros, em berços,
em barcas e enxadas,
em húmus da vida.

Plantamos em todos
os cantos da Terra
o Amor e a Justiça.

Tu me dás a mão,
eu te dou o beijo.

Os dois escutamos
o Deus do silêncio
e o grito dos Pobres.

Sentamos os grandes
diante dos mortos.
Sentamos os órfãos
às mesas da escola.

Perdemos o medo,
ganhamos o mundo.

Pedro Casaldáliga

RELIGIOSAS

Que admirável é esse dom,
que transmuda a tua pequenez em grandeza,
a tua fragilidade em fortaleza,
a tua simplicidade em beleza!

Rosa Maria Ayres da Cunha

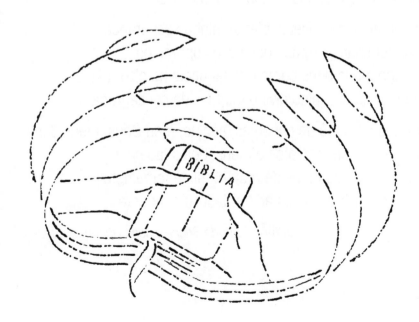

BUQUÊ DE MINHA VIDA
(Oferenda das vidas consagradas)

Aceita, meu Deus, o buquê de minha vida.
São flores colhidas no jardim de meu coração.
Acolhe os perfumes de minha oferenda silenciosa.
Entrego meu destino na tua mão generosa.

São flores, meu Deus, sinais de minha existência,
que apresento no altar dos pobres com alegria.
Recebe as cores de minha consagração total,
arranca do mundo todo egoísmo e todo mal.

São flores, meu Deus, que selam a minha renúncia
para afagar a dor dos tristes com coragem.
Abraça meus dons inseridos numa promessa de amor,
purifica os caminhos de todo traço de dor.

No teu altar, meu Deus, planto minhas esperanças
para iluminar os rumos dos povos oprimidos.
Entrego meus bens como um sacrifício na alvorada.
Transforma em reino divino minha vida consagrada.

Como um buquê de carismas, acolhe, meu Deus, meus dons.
Consagro meus projetos e meus ideais tão bons.
Meus votos são flores de meu humilde ramalhete
para conduzir os povos ao teu festivo banquete.

Antônio Sagrado Bogaz e João Henrique Hansen

QUE ADMIRÁVEL É ESSE DOM!
(Homenagem a Madre Teresa de Calcutá)

Que admirável é esse dom,
que te faz acolher moribundos,
que te faz embalar
os órfãos do mundo!

Que admirável é esse dom,
que te faz limpar as chagas,
que te faz afagar as feridas
e beijar as pobres faces ressequidas!

Que admirável é esse dom,
que te faz aspirar
só o odor de Cristo
no cheiro acre do doente,
no corpo sujo do indigente!

Que admirável é esse dom,
que te faz serviçal dos carentes,
que te faz renunciar a tudo,
que te transforma
em tapete das gentes!

Que admirável é esse dom,
que transmuda a tua pequenez
em grandeza,
a tua fragilidade
em fortaleza,
a tua simplicidade
em beleza!

Rosa Maria Ayres da Cunha

TRABALHO

O trabalho é amor feito presente.
Khalil Gibran

SE EU PUDESSE

Se eu pudesse deixar
algum presente para você,
deixaria os sentimentos de amar
a vida dos seres humanos.
A consciência de aprender de tudo
o que foi ensinado pelo tempo afora.

Lembraria os erros que foram cometidos
para que não se repetissem.
A capacidade de escolher novos rumos.
Deixaria para você, se pudesse,
o respeito àquilo que é indispensável:
além do pão, o trabalho...
Além do trabalho, a ação.

E, quando tudo mais faltasse,
um segredo: o de buscar
no interior de si mesmo
a resposta e a força
para encontrar a saída.

Gandhi

O TRABALHO É AMOR FEITO PRESENTE

Uma mulher será sempre
um regaço e um berço, jamais sepultura.
Vamos ao encontro da morte
para dar vida à vida,
e nossos dedos
tecem um hábito que jamais vestiremos.
Por isso a dor,
mas nisso está nossa alegria.

Assim Maria falou.
E após tê-la saudado,
voltei para minha casa.
Já se apagara a luz do dia,
porém, sentei-me ao tear
para continuar tecendo.

O que significa trabalhar com amor?
Significa tecer com fios extraídos do coração,
como se o tecido fosse destinado
a vestir o ser amado.
O trabalho é amor feito presente.

Khalil Gibran

VOCAÇÃO

Mensageiros do amor em nosso tempo,
sois o "sal da terra e a luz do mundo".

Celina H. Weschenfelder, fsp

VOCAÇÃO
CONTÍNUO CHAMADO AO AMOR

O chamado à vida é um feliz "vir à luz",
ato de amor contínuo de um Deus
que se fez um de nós e se chama Jesus,
que veio estabelecer-se entre os seus.

Chamados a viver em comunhão com Deus,
na missão sempre presentes nossos irmãos,
sua graça nunca faltará para os seus,
comunicando a Palavra e a todos dando as mãos.

Mensageiros do amor em nosso tempo,
como Paulo, o apóstolo das gentes,
tendo a Eucaristia e a Palavra como centro
da vocação e do amor sempre crescentes.

Maria, a Rainha dos Apóstolos, com eles reunidos
esperando a plenitude do Espírito, que os preencheria
de dons e frutos para a missão; que unidos,
a todos os povos, o nome de Jesus levariam.

A profecia, o diálogo, eficazes instrumentos
na missão de quem nada recolhe, mas somente doa,
são os melhores, mais fortes e ternos sentimentos
de um vocacionado que no mundo ecoa.

Se formos testemunhas autênticas com todo nosso ser,
dando-lhe cada manhã uma resposta consciente e eficaz,
ele não se cansará nunca de nos surpreender
com sua graça, seu amor eterno e sua paz.

"Daqui quero iluminar", estar ao seu lado e fortalecer.
Permaneça sempre no meu amor, eu estou com você.
Não tenha medo de nada e assim poderá um dia dizer:
"Não sou mais eu que vivo", mas aquele que o convite me fez.

Celina H. Weschenfelder, fsp

VOCAÇÃO: TALENTO DE VIVER

A verdade é que nem me lembro
mesmo quando tudo começou.
Parece que foi simples perceber,
como a criança percebe do viver,
crescendo silenciosamente,
como planta que cresce nas noites,
sem que alguém veja.

Comecei a sentir uma ternura
que vinha não sei de onde,
como uma brisa leve que passa suavemente,
alisando a face de quem assiste ao Sol
ir esmaecendo o brilho devagarzinho.
Era sem rumo, sem direção,
mas boa de sentir, como uma mão macia,
carinhosa, que afaga o coração
quando reclama de carência
que nunca se sente satisfeita.

Sem lembrar... Começando a ir... Sem rumo...
Vi com olhar infantil e confiante
que não era em vão, nem sem efeito,
que essa misteriosa força me antecipava
um regalo divino particular.
Era como se fosse pouco viver
e apenas fosse preciso viver,
para uma abertura que não se impõe,
mas põe a gente de frente com o outro.

Como fruto que abona a árvore para se mostrar,
brotando risonho para a claridade da vida.
Como flor tímida, mas decidida, que honra sua origem,
desabrochando do encanto para enfeitar a festa da vida.

A ternura afável, confortadora, que acalenta e faz sonhar,
é Deus me chamando para amar;
dizendo-me de ir sem assombro,
para encontrar outras vidas que vão e vêm pelas ruas,
que trabalham, que sonham, que descansam...
Sempre carentes de um carinho animador,
com gosto de quero mais,
com sabor de futuro que não chegou,
com delícia de sonhar.

Vidas desalentadas pelo frêmito do tempo
e das contradições da história.
Vidas de Deus, esta parceria nunca terceirizada,
mas sempre indexada. Deus-Vida, que só ama
e ternamente acaricia aqueles a quem ama,
na preparação do movimento infinito
e acalentador do amor.

Antonio de Lisboa Lustosa Lopes

ORAÇÃO VOCACIONAL

Senhor! Se todos os dias conseguisse escolher
a melhor parte... creio que economizaria
muito tempo, muitas palavras, muita vida...

Maria soube escolher e sentar-se aos teus pés
e, por isso, fez a melhor escolha.
Como verdadeira discípula, ouviu tuas palavras
e encontrou o verdadeiro caminho.

Também quero, Senhor, o melhor...
Pois sei que ele está em ti.
Pois, fora de ti, tudo é ilusão passageira.

Senhor, mesmo que eu não consiga
por muito tempo me sentar,
caminha ao meu lado,
segura-me pelas mãos se de ti de me afastar.
Amém!

Edson Adolfo Deretti

VOLUNTARIADO

Se um dia desejar, venha conosco
para ser um voluntário do amor!

Celina H. Weschenfelder, fsp

VOLUNTÁRIOS DO AMOR

É quase impossível compreender
a força e o dinamismo das pessoas
que sabem cercar de cuidados
aqueles que estão fortemente abalados
pela tristeza, pela incompreensão e pelo desamor.

Felizes os voluntários do amor!
Eles ajudam a enxugar as lágrimas
de quem chora uma perda querida
e recuperam, sem delongas,
seu irmão que está ferido
ou necessitado de muito amor.

Que o Senhor esteja sempre ao lado
daqueles que de si sabem esquecer
para amparar os que mais sofrem,
sobretudo quando não há palavras
para amenizar a grande dor.

E quando seu coração encontrar
um coração que com sua paz cura,
agradeça este grande dom de Deus
e, se desejar, venha conosco para ser
um voluntário do amor!

Celina H. Weschenfelder, fsp

SOMOS TODOS VOLUNTÁRIOS ECOLOGISTAS

A natureza ameaçada aplaude
o empenho de voluntários ecologistas.
Seres humanos sensíveis, solidários,
unidos para manter a ordem e a harmonia,
a fim de preservar o meio ambiente.

Espécies raras são bem tratadas
e protegidas em seu hábitat.
Canteiros multicores espalham
pureza e encanto no cenário urbano.
Cavernas e grutas são conservadas,
impurezas são eliminadas,
praias limpas apreciadas,
rios sem manchas de óleo,
oceanos sem sangue, vidas sem morte.
O alimento é colhido sob sol e chuva.
Todo o patrimônio da natureza é preservado
para a memória da humanidade.

Nesse espírito ecológico,
somos todos voluntários ecologistas
preservando a natureza que nos retribui
com farturas e bênçãos.
Cada um de nós,
com muito amor no coração,
há de fazer a sua parte.

Luizinho Bastos

VOLUNTÁRIO: SER OU NÃO SER

Voluntário é alguém que doa o seu tempo
pelas causas mais nobres.
Desprovido de qualquer benefício,
vai ao encontro dos necessitados.

Voluntário é pessoa sem limites
de tempo, espaço e generosidade.
Construtor de sonhos, de novas conquistas,
porque age na vida dos outros, de verdade.

Voluntário é não saber o que é egoísmo,
de peito aberto, "alma lavada", sempre pronto:
é ser Gandhi, Francisco de Assis, Teresa de Calcutá
Irmã Dulce, João Paulo II e muitos outros...

Voluntário é uma pessoa livre e desinteressada,
com um grande objetivo, comum a muitos:
generosidade rompendo o egoísmo,
vida feita dom, obra de arte, porque doada por amor!

Luiz Carlos Pereira Beça

ÍNDICE ALFABÉTICO

A
Ação de Graças 17
Água, fonte de vida 72
Amar de verdade 34
A amizade é um ato da criação 23
A amizade é uma festa 22
Amizade verdadeira 26
O amor 31
O amor é a verdadeira liberdade 33
O amor integra e harmoniza 32
Aniversário feliz! 36
Árvore amiga, responde! 82

B
Balada para o meu pai 159
Bate palmas, Maria 146
Buquê da minha vida (Oferenda das vidas consagradas) 178

C
Catequista 45
Catequista me tornei 46
O colo de Deus 104
Como é bom agradecer! 18
Contemplação (Homenagem aos sacerdotes) 156
Credo da comunicação 49
A criança que vai nascer 92
Crianças do mundo todo 62
Crianças em prece (Oração a Nossa Senhora de Fátima) 139

D
D'Achiropita de Carvalho (Homenagem à família Achiropita) 147
A descoberta do belo 78
Deus é Pai 161
Dia de Ação de Graças 16
O direito de sonhar 80
Discípulos e missionários
(Poema inspirado na V Conferência de Aparecida) 114
Distante de ti, Maria 142
Do nascer ao pôr do sol 19
O dom da paz 174

E
É Natal! 129
É Natal para todos os povos! 128
É Páscoa! 167
Ecologia 70
Emaús 100
Embaixadores da paz 175
Equilíbrio ecológico planetário 71
Eras tu, Senhor 98
Eu e tu, pinheiro 81
Eu o admiro muito, meu pai! 163
Eu te agradeço, pai! 162

F
Família abençoada 91
Feliz Dia do Amigo! 25
Feliz Natal para você! 127
Feliz Páscoa! Você está vivendo-a! 168

J
Jesus, perfeito comunicador 51
Jesus, quem és? 102

L
Lição da natureza 74

M
A mãe abençoada 150
Mãe divina da gente 138
Manjedoura divina 144
Maria 136
Maria missionária 134
A missão e a vida 112
Mulher 122
Mulher – Presença 119
Mulher, o teu dia é hoje! 120

N
Natal! 124
Natal de paz 126
Natal é ser presença 125
No país das Amazonas 73
Nossa história de vida (Homenagem aos pais) 158
Nossa Senhora do Bom Parto ou do Ó 148
Nossa Senhora dos Remédios 152
As novas tecnologias 54

O
Obrigado, Senhor, sou dizimista! 67
Oração do comunicador 50
Oração do dizimista 66
Oração do internauta 58

Oração pelos comunicadores 52
Oração vocacional 190
Ouvir é amar 30

P
Pai, é de ti que me lembro 160
O pão da Páscoa 166
Parabéns, mãe! 108
Parabéns pela formatura! 41
Parabéns pelos 15 anos! 37
Parece que foi ontem (Aniversário de 15 anos) 38
A paz do Menino Jesus 131
A paz inquieta 172
Paz preventiva 176
A paz que somos 173
Porque és meu amigo 24
Porque você é mulher 118
Prece ao pé da lareira 86
Prece de um pai 164
Prece de uma criança pela paz 93
Procissão a Guadalupe 141
Protege-me, ó Maria! 137

Q
Que a Páscoa aconteça 170
Que admirável é esse dom! (Homenagem a Madre Teresa de Calcutá) ... 179

S
Sacerdote 155
Santa Maria, Mãe de Deus! 135
Saudade de mãe 109
Se eu pudesse 182

Ser catequista 44
Ser padre 154
Seu filho diferente 88
Somos teus filhos, Maria 145
Somos todos voluntários ecologistas 193
Sonho de Natal 130

T
Ternura do Criador 79
Teu nome, Maria 143
O trabalho é amor feito presente 183
Tributo a Chico Mendes 76

U
Um amigo entre mil 27
Um casal sem filhos 94

V
A verdadeira comunicação 56
Vida, comunicação! 59
Vimos a ti, Maria Aparecida 140
Viver é celebrar 40
Viver tua Palavra, Jesus! 99
Vocação: contínuo chamado ao amor 186
Vocação: talento de viver 188
Voluntário: ser ou não ser 194
Voluntários do amor 192
Vozes da natureza 75

ÍNDICE DE AUTORES

Adriana Zuchetto, fsp
As novas tecnologias.. 54
A verdadeira comunicação... 56

Alfredo J. Gonçalves
É Natal!... 129
Eras tu, Senhor... 98
Mulher – Presença.. 119

Antonio de Lisboa Lustosa Lopes
O colo de Deus... 104
Vocação: talento de viver... 188

Antônio Sagrado Bogaz e João Henrique Hansen
Bate palmas, Maria... 146
Buquê da minha vida (Oferenda das vidas consagradas)........ 178
Contemplação (Homenagem aos sacerdotes)......................... 156
Crianças em prece (Oração a Nossa Senhora de Fátima)....... 139
D'Achiropita de Carvalho (Homenagem à família Achiropita)... 147
Distante de ti, Maria... 142
Mãe divina da gente... 138
Manjedoura divina.. 144
Nossa história de vida (Homenagem aos pais)....................... 158
Procissão a Guadalupe... 141
Protege-me, ó Maria!.. 137
Somos teus filhos, Maria.. 145
Teu nome, Maria... 143
Vimos a ti, Maria Aparecida... 140

Bento XVI
Santa Maria, Mãe de Deus! 135

Celina H. Weschenfelder, fsp
Água, fonte de vida 72
Amar de verdade 34
A amizade é um ato da criação 23
A amizade é uma festa 22
Amizade verdadeira 26
Aniversário feliz! 36
Balada para o meu pai 159
Como é bom agradecer! 18
Dia de Ação de Graças 16
Discípulos e missionários
(Poema inspirado na V Conferência de Aparecida) 114
O dom da paz 174
Feliz Dia do Amigo! 25
Feliz Natal para você! 127
Natal! 124
Natal de paz 126
Nossa Senhora dos Remédios 152
Parabéns, mãe! 108
Parabéns pela formatura! 41
Parabéns pelos 15 anos! 37
Porque és meu amigo 24
Porque você é mulher 118
Ser catequista 44
Viver é celebrar 40
Viver tua Palavra, Jesus! 99
Vocação: contínuo chamado ao amor 186
Voluntários do amor 192

Daniela Lima da Silva
Do nascer ao pôr do sol 19
Maria 136

Edson Adolfo Deretti
Catequista me tornei 46
Oração vocacional 190
Ser padre 154

Elza Maria Corrarello, fsp
O amor integra e harmoniza 32
Lição da natureza 74
Um amigo entre mil 27

Gandhi
Se eu pudesse 182

Helena Corazza, fsp
Credo da comunicação 49

Ione Fabiano
Mulher, o teu dia é hoje! 120

Joana T. Puntel, fsp
Jesus, perfeito comunicador 51
Oração pelos comunicadores 52

Khalil Gibran
O amor é a verdadeira liberdade 33
Ouvir é amar 30
O trabalho é amor feito presente 183

Luiz Carlos Pereira Beça
Voluntário: ser ou não ser 194

Luizinho Bastos
A criança que vai nascer 92
Crianças do mundo todo... 62
Ecologia 70
Embaixadores da paz 175
Equilíbrio ecológico planetário.. 71
Eu o admiro muito, meu pai!... 163
Família abençoada.. 91
Oração do internauta.. 58
Parabéns pela formatura! 41
A paz do Menino Jesus 131
Prece de um pai 164
Prece de uma criança pela paz 93
Somos todos voluntários ecologistas 193
Sonho de Natal 130
Tributo a Chico Mendes.. 76

Madre Teresa de Calcutá
O amor... 31

Maria Ida Cappellari, fsp
A descoberta do belo 78
O direito de sonhar 80
Ternura do Criador 79
Vozes da natureza.. 75

Maria Nogueira, fsp
É Natal para todos os povos!.. 128
É Páscoa! 167
Natal é ser presença 125
Parece que foi ontem (Aniversário de 15 anos) 38

Marineuza Pozzo
Mulher 122
Saudade de mãe 109

Mario Basacchi
A mãe abençoada 150
Nossa Senhora do Bom Parto ou do Ó 148
Obrigado, Senhor, sou dizimista! 67
Oração do dizimista 66

Natividade Pereira, fsp
Ação de Graças 17

Nayá Fernandes, fsp
Catequista 45
Vida, comunicação! 59

Paulo Airton
Emaús 100

Pe. Fábio de Melo
Deus é Pai 161

Pe. Zezinho, scj
Prece ao pé da lareira 86
Seu filho diferente 88
Um casal sem filhos 94

Pedro Casaldáliga
A paz inquieta 172
Paz preventiva 176
A paz que somos 173

Rosa Maria Ayres da Cunha
Árvore amiga, responde! 82

Eu e tu, pinheiro 81
Eu te agradeço, pai! 162
Pai, é de ti que me lembro 160
Que admirável é esse dom!
(Homenagem a Madre Teresa de Calcutá) 179
Sacerdote 155

Salvador Medina
Maria missionária 134
A missão e a vida 112
O pão da Páscoa 166

Tarcila Tommasi, fsp
Feliz Páscoa! Você está vivendo-a! 168
Jesus, quem és? 102
Que a Páscoa aconteça 170

Bv. Tiago Alberione
Oração do comunicador 50

Walter Ivan de Azevedo
No país das Amazonas 73

Impresso na gráfica da
Pia Sociedade Filhas de São Paulo
Via Raposo Tavares, km 19,145
05577-300 - São Paulo, SP - Brasil - 2014